Dietmar Zöller

# Jenseits der Lebensmitte

Ein Autist erlebt und reflektiert das Älterwerden

Copyright © 2018 Verlag Rad und Soziales
**www.autismus-buecher.de**

Coverbild:
*Unerreichbarkeit des Lichtes*
*Dietmar Zöller 2013*
Covergestaltung: Michael Schmitz
ISBN 978-3-945668-41-2 (eBook)
ISBN 978-3-945668-42-9 (Buch)

Alle Rechte vorbehalten. Das Vervielfältigen, Einscannen oder Verbreiten dieses Buches in Teilen oder in Gänze in gedruckter oder digitaler Form ist ohne schriftliche Genehmigung des Autors nicht gestattet. Ausgenommen hiervon sind in Artikeln und Rezensionen eingebundene oder für Unterrichtszwecke verwendete Kurzzitate.

Bibliografische Information der Deutschen Nationalbibliothek:
Die deutsche Nationalbibliothek verzeichnet diese Publikation in der Deutschen Nationalbibliografie; detaillierte bibliografische Daten sind im Internet über http://dnb.d-nb.de abrufbar.

Für Friedemann, der mein bester Freund wurde

# Inhalt

Einleitung .................................................................................... 7

1. Das eigene Dasein reflektieren ................................................. 9
2. Wahrnehmungsstörungen: Reizüberflutung, zwanghafte motorische Aktionen und ein „emotionales Chaos" können beim alternden Autisten hereinbrechen wie in der Kindheit .......... 16
3. Vom Erschrecken über eigenes „ver-rücktes" Verhalten zu Versuchen, die Probleme kognitiv zu bewältigen. ..................... 32
4. Wie frei sind Personen, wenn sie sich autistisch verhalten „müssen"? ............................................................... 38
5. Auch Menschen, die sich autistisch verhalten und in ihrer Handlungsfähigkeit eingeschränkt sind, sehnen sich nach Kommunikation ..................................................................... 41
6. SchülerInnen mit autistischem Verhalten, die nicht sprechen können, sind nicht zwangsläufig „geistig behindert" ................ 61
7. Warum es so schwierig ist, nichtsprechende Autisten an der Inklusion teilhaben zu lassen. ........................................ 70
8. Am Weltautismustag (2. April) sollen viele Menschen erfahren, was Autismus ist ..................................................... 76
9. Als Autist mit Lebenserfahrung berate ich gern andere Autisten und ihre Bezugspersonen ........................................................ 86
10. Über Freundschaft, Beziehungen und Kommunikation .............. 100
11. „Antipathie gegenüber Mitmenschen?" – Das ist nicht das Problem von Menschen im Autismus-Spektrum. Gedanken zu einem Vorurteil ................................................................. 109
12. Warum ich dafür plädiere, dass Kindern aus dem Autismus-Spektrum geholfen wird, Erinnerungen zu bewahren und zu reflektieren ............................................................................. 111

13. Bilder, die ich malte, als ich die Lebensmitte überschritten hatte .................................................................................... 120
14. Sprache und Sprechen – Faszination und harte Arbeit ................. 127
15. Ich bin nicht erwerbstätig, und doch arbeite ich .......................... 135
16. Wie kann man autistische Menschen auf das Alter vorbereiten? ................................................................................. 137
17. Erinnerungen und Ausblick ........................................................... 138

Weitere Bücher über Autismus ............................................................ 141

*Alter Autist (1986)*
*Er sieht alles, kann aber nichts tun*

Dieses Bild von 1986 mutet heute an wie eine Vorausschau auf die Zeit nach der Lebensmitte. Exakt so ist meine Lebensgeschichte verlaufen. Nach wie vor nehme ich mit den Augen alles auf, was um mich herum geschieht. Aber was ich aktiv tun kann, ist wenig geblieben.

# Einleitung

Autismus-Spektrum-Störung. So heißt die Diagnose, wenn es um Autismus geht. Trotzdem spricht man nach wie vor von Asperger-Autismus und Kanner-Autismus (oder frühkindlichem Autismus). Weit verbreitet ist immer noch die Einschätzung, dass Asperger-Autisten über eine normale Intelligenz verfügen, während die sog. Kanner-Autisten, von denen ein hoher Prozentsatz keine Lautsprache entwickelt, der geistigen Behinderung zuzurechnen sind. Die sog. „Aspies" treten selbstbewusst auf und fordern ihre Rechte lautstark ein. Sie möchten weder als behindert, noch als krank etikettiert werden. Sie sind „anders" und wollen mit ihrer Andersartigkeit anerkannt werden. Ich gehöre nicht zu dieser Gruppe, auch wenn die Tatsache, dass ich Bücher publiziert habe, das nahe legen könnte. Ich gehöre zur Gruppe der Autisten, die man als „schwer behindert" bezeichnen muss.

Ich identifiziere mich mit den autistischen Menschen, von deren regem Innenleben die Bezugspersonen oft keine Ahnung haben. Wie viele es sind, die über das „unterstützte" Schreiben dazu kamen zu zeigen, was in ihnen steckt, weiß man nicht so genau; denn das „gestützte" oder „unterstützte" Schreiben wurde von vielen Fachleuten so heftig kritisiert, dass viele, die es trotzdem anwenden, sich nicht mehr öffentlich dazu bekennen.

Ich schreibe für die, die für geistig behindert gehalten werden, ohne es zu sein. Ich möchte dafür kämpfen, dass man sich die Mühe macht, genau hinzuschauen, ob eine solche Person nicht doch eine innere Sprache entwickelt hat. Leo Kanner hat in seinem berühmten Aufsatz von 1943 den Autismus deutlich von der geistigen Behinderung abgegrenzt.

Freundschaftliche Kontakte zu Familien, die sehr darunter leiden oder gelitten haben, dass mit ihrem autistischen Kind keine Kommunikation zustande kam oder erst im fortgeschrittenen Alter möglich wurde, haben mich motiviert, noch einmal Texte zusammen zu stellen, die helfen sollen, Personen mit autistischem Verhalten besser zu verstehen. Es geht darum, autistisches Verhalten aus der Innensicht zu beschreiben und zu erklären.

Es soll deutlich werden, dass ich aus der Perspektive eines Mannes schreibe, der älter geworden ist, der die Mitte des Lebens überschritten hat. Thematische Überschneidungen und Wiederholungen mit meinen früheren Veröffentlichungen sind unvermeidbar. Die Themenschwerpunkte haben sich aber mit zunehmendem Alter verlagert. Ich denke viel darüber nach, dass mein Leben – wie jedes andere Leben auch – endlich ist. Welche Erfahrungen möchte ich weitergeben? Jeder Mensch hat, bewusst oder unbewusst, die Sehnsucht, mit einem Du zu kommunizieren und zu interagieren. Kommunikation möglich zu machen – egal mit welcher Methode – sollte vorrangiges Ziel sein.

Während ich lange Zeit davon ausging, dass die Förderung autistischer Kinder ein strukturiertes Lernen möglich machen sollte, sehe ich heute die Kommunikationsanbahnung als wichtigsten Schritt der Entwicklungsförderung an. Wer aber kann das leisten? Wie müssen Therapeuten und Lehrer ausgebildet werden, damit sie Personen mit autistischem Verhalten verstehen und begleiten können? Theoretisches Wissen und die Fähigkeit, wissenschaftlich arbeiten zu können, reichen nicht aus, um autistisches Verhalten verstehen und tolerieren zu können. Nötig ist etwas, das ich „Herzensbildung" nennen möchte, und die hat man, oder man hat sie nicht. Bestes Beispiel ist Palma, die mich stundenweise begleitet. Sie hat jahrelang bei uns geputzt. Nun ist sie ausschließlich für mich da. Sie versteht mein autistisches Verhalten und ist sehr bemüht, meine undeutliche und leise Sprache verstehen zu lernen.

## 1. Das eigene Dasein reflektieren

Ich wurde 1969 in Sumatra (Indonesien) als dritter Sohn meiner Eltern geboren. Seit 1979 wohne ich in Leinfelden-Echterdingen. Wegen meiner schweren Behinderung kann ich nicht erwerbstätig sein und lebe nach wie vor bei meinen Eltern. Ich habe mehrere Bücher publiziert, die die autistischen Probleme zum Inhalt haben.

Da ich auf ständige Begleitung angewiesen bin, kann ich allein nichts unternehmen. Ich hatte aber das Glück, dass meine Eltern mit mir große Reisen unternommen haben. Fremde Landschaften und Kulturen begeistern mich. Ich beobachte gern Tiere und Menschen. Auf meiner Homepage www.dietmarzoeller.de.tl findet man einige Reiseberichte.

Das Malen und Zeichnen hat immer eine große Rolle gespielt und meine Entwicklung vorangebracht. Wenn meine frühen Erinnerungen mich nicht trügen, erlebte ich bei den ersten Malversuchen so etwas wie Hoffnung, auch wenn ich dieses Wort noch gar nicht im Repertoire hatte. Ich erlebte, dass etwas, das von mir kam, auf dem Papier blieb, nicht verschwand wie die vielen, allzu vielen Sinneseindrücke, die auf mich einstürzten, ohne dass ich sie festhalten konnte. Meine frühen Bilder haben Konturen, und das war wichtig für mich. Die Konturen musste ich mir hart erarbeiten. In meinem Kopf formten sich mitten in einem sensorischen Chaos Gegenstände, die sich durch Konturen von ihrer Umgebung abhoben. Es gelang mir immer besser, Gegenstände abzubilden. Aber das war nur der Anfang einer Entwicklung, die viele Jahre keine Hoffnung zugelassen hatte. Ich, der nicht sprechen konnte, fand Zugang zu meinen Gefühlen und lernte bildlich auszudrücken, wie ich mich selbst und die Menschen um mich herum erlebte.

Wer bin ich? Diese Frage hat mich beschäftigt, seit ich mir Gedanken machen kann. Zuerst überwiegend in symbolhaften Bildern, später in schriftlichen Äußerungen, hat mich diese Frage beschäftigt. Dass ich nicht war wie meine älteren Brüder, wurde mir früh bewusst.

Dass ich bereits mit 15 Jahren eine Vorstellung hatte, wie ich als alter Mann sein könnte, beeindruckt mich. Zu dem Bild „Alter Autist trägt sein Schicksal" von 1985 habe ich mir noch einmal Gedanken gemacht. Heute kann ich, ausgehend von meiner eigenen Lebensgeschichte, beschreiben, was aus dem autistischen Verhalten wird, wenn die Lebensmitte überschritten ist. Ich habe erlebt, dass es keine geradlinige Entwicklung raus aus dem Autismus gibt. Es gibt gute und schlechte Phasen.

Als ich 20 Jahre alt war, gestaltete meine Mutter für eine Broschüre des Stuttgarter Regionalverbandes die folgende Seite. Text und Bilder waren meine Produkte. Was ich damals über das Erfassen von Konturen geschrieben habe, ist mir heute noch wichtig. So schrieb ich:

*Ich male gern. Am liebsten experimentiere ich mit Farben, die ich nie rein, sondern immer gemischt verwende. Das entspricht meiner Wahrnehmung. In der Natur sehe ich keine reinen Farben. Immer sind die Farben abgestuft, und sei es durch die Schattenbildung. Farben sind für mich schön, wenn sie in Nuancen auftreten.*

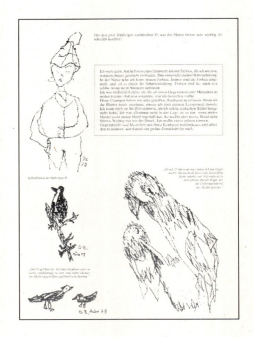

Ich war vielleicht sechs Jahre alt, als ich einen Gegenstand oder Menschen so malen konnte, dass man erkannte, was ich darstellen wollte.

Diese Übungen haben mir sehr geholfen, Konturen zu erfassen. Wenn ich die Blätter heute anschaue, staune ich über meinen Lernprozess damals. Ich kann mich an die Zeit erinnern, als ich solche einfachen Bilder hergestellt habe. Ich war allerdings nicht in der Lage, es zu tun, wenn meine Mutter nicht meine Hand angefasst hat. Sie musste aber meine Hand nicht führen. Wichtig war nur der Druck. Ich musste etwas spüren können.

Gegenstände und Menschen mit ihren Konturen wahrnehmen und abbilden zu können, war damals ein großer Fortschritt für mich.

Die Frage, wer ich bin und was ich will, stellt sich anders, nachdem ich die Lebensmitte überschritten habe.

Nach meinem 40. Geburtstag, den ich in außerordentlich guter Verfassung mit Familie und Freunden in einem Hotel feiern konnte, entdeckte jemand mit einem Lachen meine ersten grauen Haare. Nun bin ich 47 Jahre alt und es lässt sich nicht leugnen, dass ich die Mitte des Lebens überschritten habe. Mein Leben, das nie einfach war, hat sich verändert in vieler Hinsicht. Auch meine Eltern sind alt geworden und müssen es hinnehmen, dass es für sie Veränderungen gab, die mit Einschränkungen verbunden sind. Trotzdem darf ich bei ihnen leben, wofür ich sehr dankbar bin. Dass ich viel über mein besonderes Leben nachdenke, ist nicht ungewöhnlich und dass ich versuche, meine persönliche Zukunft zu planen – soweit das möglich ist – auch nicht. Die Frage, wie Menschen mit einer Diagnose aus dem Autismus-Spektrum das Älterwerden erleben und wie sie ihrem eingeschränkten Leben einen Sinn abgewinnen, dürfte Betroffene, ihre Angehörigen und Bezugspersonen interessieren.

Ich bin daran gewöhnt, täglich schriftliche Aufzeichnungen zu machen. Am Jahresende entsteht aus den vielen Texten eine Art Zusammenschau unter dem Gesichtspunkt, was von bleibendem Wert ist und möglicherweise auch für andere Menschen interessant und hilfreich sein könnte.

Nun, da ich die Lebensmitte überschritten habe, stelle ich mir immer wieder die Frage: Was kann ich noch dazu beitragen, dass Kinder mit der Diagnose Autismus-Spektrum-Störung eine angemessene Förderung erhalten und wie kann ich vermitteln, dass sich die Förderung lohnt, auch wenn sich inzwischen herumgesprochen hat, dass Autismus nicht heilbar ist.

Ich bin sicher, dass es sich gelohnt hat, dass meine Mutter außerordentlich viel Zeit und Kraft eingesetzt hat, um mich weiterzubringen, obwohl früh klar war, dass ein selbstständiges Leben nicht möglich sein würde. Nachdem meine Mutter einmal einen Vortrag gehalten hatte, war sie gefragt worden, warum sie sich so anstrenge, wenn doch klar sei, dass ich nie ein selbstständiges Leben würde führen können. Was sie geantwortet hat, konnte sie mir nie genau sagen. Was aber hätte ich selbst geantwortet? Wie beantworte ich heute eine solche Frage? Ich bin überzeugt, dass jeder Mensch einzigartig und wertvoll ist, unabhängig davon, ob er ohne Hilfen sein Leben in den Griff bekommt oder nicht. Was für ein Potential in einem Menschen schlummert, kann niemand voraussehen, auch Ärzte nicht. Es ist ein Menschenrecht, dass alles versucht wird, das Leben zu schützen und zu entwickeln. Dieses Recht wird leider manchen schwer behinderten Kindern nur rudimentär zuerkannt. Körperpflege, Kleidung und Ernährung zu gewährleisten, ist schön und gut, aber zu wenig, um in Beziehung zum Kind zu treten und um zu seinen inneren Möglichkeiten vorzudringen. Ich warne davor, ehrgeizige Ziele zu verfolgen und denke dabei an Äußerungen von Eltern wie „Ein Hauptschulabschluss muss möglich sein." „Eine einfache Tätigkeit wird er /sie doch ausüben können." Manchmal klappt nichts davon. Trotzdem macht es Sinn, das Kind zu fördern und Entwicklung zu ermöglichen.

Meine eigene Lebensgeschichte ist dafür ein gutes Beispiel. Ich hatte denkbar schlechte Aussichten für ein gelingendes Leben. Eine Wiederbelebung im ersten Lebensjahr lässt nichts Gutes erwarten, weil das Gehirn wegen des Sauerstoffmangels unwiederbringlich geschädigt ist. Ich bin trotzdem mit meinem Leben zufrieden und sehe es nicht als Niederlage an, dass ich weder einen Schulabschluss habe, noch eine einfache Tätigkeit ausüben kann. Meine Aufgabe ist es, dafür zu werben, dass betroffene Eltern an das positive Potential ihres behinderten Kindes glauben. Liebe ist nicht messbar und passt in keine Kategorie.

*Wer bin ich?*

Bin ich ein Einsamer?
Bin ich bescheuert?
Bin ich ein Ruheloser?
Bin ich verrückt?

Was immer ich bin.
Ich bin ein Mensch
Und habe eine Würde.
Ich bin Ich.


*Was die Leute sagen, wer ich bin*

ein Behinderter,
ein Hochbegabter
ein Verrückter
ein Kranker
ein Künstler
ein Buchautor
eine verkrachte Existenz
ein Schweiger

Was immer die Leute
sagen, wer ich bin.
Sie bekommen
mich nicht zu fassen.

*VerRückt, 2015, Acrylfarben*

Als ich 16 Jahre alt war, malte ich das Bild „Alter Autist trägt sein Schicksal".

Ich hatte schon in einem Alter, in dem man normalerweise damit beschäftigt ist, die Hürde zum Erwachsenwerden zu nehmen, Phantasien vom Altwerden.

Die Ahnung vom schweren Gepäck, das ich ein Leben lang tragen würde, steckte in mir. Mein Bild wurde bei Insidern bekannt, erschien auf dem Cover meines Buches „Autismus und Alter". Heute bin ich in der Lage, das Geheimnis zu lüften, was ich in dem schweren Gepäckstück mit mir herumtrage: Da sind die Wahrnehmungsverarbeitungsstörungen, die mal schwerer wiegen, mal weniger schwer. Da sind aber auch die Erinnerungen, die ich ungefiltert mit mir herumtrage, die zu ordnen meine Lebensaufgabe bleibt. Heute würde ich dem alten Mann einen Rucksack auf den Rücken schnallen, in dem die Verletzungen seines Lebens einsortiert sind. Der Rucksack verlor von Jahr zu Jahr an Gewicht, weil der Mann zu vergeben gelernt hatte. Und so zieht der alte Mann seine Runden und hofft, irgendwann an ein Ziel zu gelangen.

*„Alter Autist trägt sein Schicksal"*

Das Älterwerden geschieht in kleinen Schritten und man merkt erst rückblickend, dass sich etwas verändert hat. Aber die Menschen, mit denen man zusammenlebt, verändern sich auch. Ich erlebe sehr eindrucksvoll, wie meine Eltern alt werden. Nichts ist mehr so, wie es mal war. Ruhe ist eingekehrt und es wird seltener, dass Pläne geschmiedet werden. Man ist müde und sehnt sich nach Ruhe. Es ist aber gar nicht nur negativ zu sehen, wenn man älter wird. Manches, was unklar schien und Angst machte, liegt nun klarer vor mir, so dass ich mich drauf einstellen kann. Ich denke dabei an die Zeit, wenn ich ohne meine Eltern leben muss. Es gibt offensichtlich Möglichkeiten, dass ich versorgt werde und vielleicht sogar in meiner Wohnung bleiben kann. Ich sehe ruhig alles Neue und Vertraute auf mich zukommen und gerate nicht in Panik, wenn wieder ein neues Lebensjahr angefangen hat.

## 2. Wahrnehmungsstörungen: Reizüberflutung, zwanghafte motorische Aktionen und ein „emotionales Chaos" können beim alternden Autisten hereinbrechen wie in der Kindheit

### *Die visuelle Wahrnehmung*

Ich hatte gelernt, mit den meisten Problemen, die mit den Sinneswahrnehmungen zu tun haben, zurechtzukommen. Man gewöhnt sich daran und schaltet den Intellekt ein, um verlässliche Informationen zu bekommen. Ich habe an anderer Stelle die visuellen Probleme detailliert beschrieben (Zöller, D., Autismus und Körpersprache). Ich war sehr verunsichert, als Anfang 2015 aus heiterem Himmel Probleme auftauchten, von denen ich angenommen hatte, dass sie der Vergangenheit angehörten.

Am 10.03.2015 schrieb ich ins Tagebuch:

„Die visuelle Wahrnehmung ist störanfällig. Es geht einmal um die Fähigkeit Abstände abschätzen zu können, zum anderen um die Koordination von akustischen und visuellen Reizen. Was ich sehe und höre, sollte zusammen passen. Ich konnte schon mal als Jugendlicher recht gut mit dem Problem fertig werden. Mit Hilfe des Intellekts konnte ich blitzschnell erfahren, wie weit etwas von mir entfernt war. Nach einem dramatischen epileptischen Anfall gab es schon einmal einen Einschnitt. Alles war noch weiter entfernt als vorher, und ich musste neue Berechnungen anstellen. Nun bin ich 45 Jahre alt und die visuellen Reize können gar nicht mehr adäquat verarbeitet werden. Ich gerate wie ein kleines Kind in Panik, bin hilfloser denn je und verhalte mich wie ein ungezogenes Kind. Je mehr Personen in mein Blickfeld treten, desto unausstehlicher werde ich. Es ist ein Gefühl, als wenn die Personen durcheinander purzelten und dabei mal groß, mal klein werden. Ich ertrage nur noch Personen, die leise sind und nicht viel reden. Am besten reden die Menschen um mich herum gar nicht. Die Reizüberflutung treibt mich in die Isolation. Es kann passieren, dass ich die Kontrolle verliere und wie ein Verrückter agiere."

Einen Tag später schrieb ich: „ Es war mal wieder zu viel auf dem Tisch. Die Zeitungen stören mich. Es ist immer wieder so, dass alles durcheinander purzelt. Ich erlebe das als Rückschritt in meine Kindheit. Wenn du leise redest, hilft das. Auch darfst du mich kneifen. Der starke Reiz schafft Zugang zum Intellekt."

Einmal, als wir Jeans kaufen wollten, geriet ich in Panik und rannte weg. Was war passiert? Am nächsten Tag konnte ich es beschreiben.

17.03.15: „Die Panik entsteht, wenn etwas geschlossen ist. Habe das Gefühl, dass ich im kleinen Kasten bin oder da eingeschnürt werde. Als wir Jeans kaufen wollten, war es auch so. Der Raum wurde eng, so dass ich fliehen musste. Aber mal ist das Ferne ganz nah, mal ist das Nahe fern. Unberechenbar. Panik entsteht, wenn ich eingeschlossen bin wie in einen Kasten. Dann will ich raus. Der Verstand ist im Eimer."

Am 16.3.15 fragte meine Mutter:

*Warum darf die Tür nicht offen sein?* Meine Antwort: Das Sehen wird beeinträchtigt. Offene Türen sind nicht eindeutig, mal etwas offen, mal mehr offen. Ich brauche Eindeutigkeit.

Aber das mit dem Sehen ist gravierend, wenn auch nicht das einzig Belastende.

Am 19. März notierte ich:

Das Sehen wird wieder besser.

Die Probleme beim Sehen spielten Anfang 2016 keine Rolle mehr. Es war wohl nur eine Episode, in der alte Probleme in den Vordergrund geraten waren – aus welchen Gründen auch immer.

### Besonderheiten bei der visuellen Wahrnehmung von Personen

Viele Menschen mit Autismus-Spektrum-Störung haben Probleme Gesichter zu erkennen:

Augen, Nase , Mund.
Das Schema kennt jedes Kind
und wendet sich dem Gesichte zu.
Die Achse verschiebt sich.
Die Nase verbiegt sich.
Wie finde ich zur Mitte zurück?
Ich schaue weg, ich schalte ab.
Verschwunden das Gesicht.
Wer hilft mir das Gesicht wiederzufinden?

*Wunsch*
Ich schau in ein Gesicht.
Aufblitzt ein Licht
Mit strahlenden Augen
begegne ich dem anderen.

### Was drückt das menschliche Gesicht aus?

Als ich im Januar 2014 mal wieder darüber nachdachte, wie das mit der visuellen Wahrnehmung von Personen gewesen war, entstand folgende kleine Notiz:

„Ich finde, dass man üben kann Gesichter zu verkraften. Ich habe geübt Gesichter differenziert wahrzunehmen und dann habe ich das Wesentliche aufs Papier gebracht. Das war ein langer Prozess. Und dann haben mich die Gesten der Menschen interessiert. Ich versuchte sie einzufangen und es gelang. Ich stellte dabei fest, dass ich mit meinem Körper solche Bewegungen nicht produzieren konnte. Mein Körper drückte nicht aus, was ich empfunden hatte. Heute kann ich die Gesten anderer Menschen deuten, aber ich gebe keine vergleichbaren Signale mit dem Körper."

Ich fasste den Lernprozess vieler Jahre zusammen, der zu der Erkenntnis geführt hatte, dass ich mit meinem Körper nur unzureichend ausdrücken kann, was in mir vorgeht und dass ich darum für die meisten Menschen nicht einzuschätzen bin. Wenn ich nicht immer wieder probiert hätte, Bilder von Personen zu malen, wäre mir vermutlich meine eigene autistische Besonderheit gar nicht bewusst geworden.

Die folgende Bemerkung vom 18. März 2014 mag erschrecken:

„Mal ist auch Maximilian verzerrt. Ich habe ihn zerstückelt gesehen - aber wie ein Zombi." Maximilian war damals der junge Mann, der ein Freiwilliges Soziales Jahr machte und täglich zu mir kam. Es passierte nur ein Mal während seiner einjährigen Dienstzeit, dass ich ihn zerstückelt und verzerrt sah. Ich war nicht einmal besonders schockiert. So etwas kam im Kindes- und Jugendlichenalter häufiger vor. Es hatte Zeiten gegeben, da war ich außer mir, wenn es passierte. Ich kann mir nicht erklären, warum und wie solche Trugbilder zustande kommen.

### *Probleme mit dem Handgebrauch*

Probleme mit dem Handgebrauch beschrieb ich in den Jahren 2012 – 2016 immer wieder. Die Probleme hatten auch schon in den Jahren davor eine Rolle gespielt. Ich war oft nicht mehr in der Lage, mit der Hand zu schreiben, weil ich den Stift nicht spürte. Die Finger waren an manchen Tagen wie taub, manchmal wie elektrisiert. Am 5.01.13 schrieb ich: „Meine Hände sind so gefühllos, dass ich es nicht aushalte. Da ist mal wieder keine Verbindung zur Schulter. So schlimm ist es nicht immer. Am liebsten hätte ich es, wenn die Hände amputiert würden.

Ich habe das nicht ernst gemeint. Aber die Hände sind das Hauptproblem. Alles andere geht." Was ich an solchen Tagen „geschrieben" habe, hatte ich meiner Mutter Wort für Wort diktiert.

*Die Orientierung am eigenen Körper*

Ich wurde oft aufgefordert zu beschreiben, wie sich mein Körper anfühlt, wenn ich unkontrollierte, manchmal bizarre Bewegungen mache. Man kann so etwas nicht gut beschreiben, allenfalls es in Bildern auszudrücken versuchen. So ist auch der folgende Versuch vom 30. Mai 2013 zu verstehen:

„Ich habe an manchen Tagen keine Orientierung an meinem Körper, d.h. ich habe kein Bild im Kopf, wo Arme und Beine sind und kann darum die Gliedmaßen nicht willentlich steuern. Es kommt mir manchmal so vor, als wären da mehrere Arme und Beine, die sich gegenseitig stören. Eine Hand z.B. übernimmt dann die Führung ohne Sinn und Verstand. Ich bin nicht Herr im Haus. Wenn ich z.B. an der Schublade zerre, werde ich von dem Geräusch überrascht, was nicht sein könnte, wenn das Verhalten geplant gewesen wäre.

Ich habe eine bildhafte Sprache benutzt. Ich weiß sehr wohl zu unterscheiden, was real ist und was nur so tut, als wäre es da. Das mit meinen Armen und Beinen lässt sich am einfachsten mit dem Bild beschreiben, dass da mehrere Arme und Beine sind, die sich in einer Auseinandersetzung befinden, wer was tun darf."

Schon damals habe ich damit gerechnet, man könne mir vorwerfen, das, was ich beschreibe, seien Halluzinationen. Ein solcher Vorwurf verkennt, dass Bildersprache immer eine Annäherung an etwas ist, das man nicht realistisch abbilden kann.

*Über Handlungsstörungen*

Eine Referendarin stellte mir in einer E Mail folgende Frage:

„*Während meines Studiums habe ich viel über die Teacch-Methoden gehört. Also, dass man im Unterricht mehr mit Strukturierung und Visualisierung arbeiten soll. Haben Sie selbst eigene Erfahrungen mit dieser Methode und halten Sie das für Menschen mit ASS sinnvoll?*"

*Meine Antwort:*

Mit der Teacch-Methode habe ich keine praktischen Erfahrungen, weiß aber, worum es dabei geht. Als ich im Schulalter war, gab es die Methode noch gar nicht. Ich kann mir vorstellen, dass viele Schüler mit

ASS davon profitieren, und zwar die, die unter Handlungsstörungen leiden. Und das sind viele. Auch unter autistischen Menschen vom Typ Asperger findet man solche, die sich beim Arbeiten schwer tun. Aus den Büchern von Betroffenen weiß ich, dass die Probleme den meinen ähnlich sein können.

Ich selbst bin im Handeln sehr eingeschränkt und darum unselbständig. Mir hilft es aber nicht, wenn man mir Abbildungen von Handlungsschritten aufhängt. Ich habe ein Konzept von Handlungsabläufen, aber mein Körper führt nicht aus, was ich theoretisch weiß. Für Menschen, die kein Handlungskonzept entwickeln können, sind die Teacch-Methoden auf jeden Fall hilfreich und sinnvoll.

Sie sehen, dass man alles, was man über Autismus gelernt hat, sinnvoll einsetzen kann, wenn man die einzelne Person betrachtet. Ich finde verallgemeinernde Aussagen über autistische Menschen wenig sinnvoll. Was für einen Schüler sinnvoll sein kann, ist vielleicht beim anderen kontraindiziert. Darum plädiere ich für ein individuell angepasstes Lernangebot für Schüler mit ASS.

## *Unruhezustände, die ich nicht willentlich beeinflussen kann*

Die Unruhe kommt und geht. Sie ist nicht ständig da. Es sieht so aus, dass dabei auch Wetterfühligkeit eine Rolle spielt. An manchen Tagen kann ich weder sitzen, noch liegen. Ich springe auf, stampfe durchs Zimmer, lege mich wieder aufs Bett, und schon springe ich wieder auf. Manchmal treibt mich die Unruhe die Treppe runter – und wieder rauf in mein Zimmer. Still sitzen kann ich nur dann, wenn ich mit der Hand schreibe, d.h. wenn ich konzentriert geistig arbeite.

Die Unruhe wurde schon vor etlichen Jahren beobachtet. Ich konnte nicht still stehen, musste immer hin- und hergehen. Das war besonders lästig bei Museumsbesuchen und Ausstellungen.

Der Begriff Akathisie kam ins Spiel. Das ist eine Bewegungsunruhe, die als Nebenwirkung einer Behandlung mit Neuroleptica relativ häufig vorkommt.

Nun habe ich ja tatsächlich langjährige Erfahrungen mit Neuroleptica. Namen von Medikamenten, die mir spontan einfallen:

Risperdal, Olanzapin, Seroquel, Abilify. Bin ich dauerhaft geschädigt, weil in den Dopaminhaushalt eingegriffen wurde?

Am 7.2. 17 schrieb ich in mein Tagebuch: *„Ich habe Ameisen in meinem Körper. Die Spannung wird nicht richtig kanalisiert. Es ist nicht absichtlich. Ich muss die Spannung abbauen."*

Das Bild von Ameisen oder Käfern, die in meinem Körper herumkrabbeln, verfolgt mich schon seit vielen Jahren. Ein solches Gefühl führt dazu, dass man keine Sekunde still sitzen oder liegen kann. Man hat die irrige Erwartung, die eingebildeten Viecher im Körper durch die Bewegung abschütteln zu können. Ein Bild, das ich dazu malte:

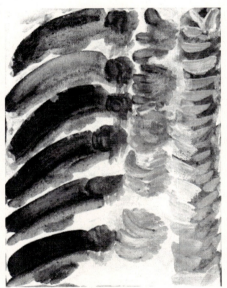

*Käferplage (2013), Acrylfarben*

Ein anderer Erklärungsversuch für meine unsinnigen, motorischen Aktivitäten ist die fehlgeleitete Körperspannung. Bei jeder zielgerichteten Tätigkeit wird Körperspannung aufgebaut und auch wieder abgebaut. Wenn das nicht gelingt, sucht sich die Spannung einen

Ausweg. Es bleibt gar nichts anderes übrig, als etwas Unsinniges zu tun. Der Körper muss ja wieder in die Ruhestellung kommen.

### *Zwanghafte motorische Aktionen, die nicht willentlich geschehen*
Wenn ich meine täglichen Aufzeichnungen der letzten Jahre lese, dann stoße ich immer wieder auf Bemerkungen über ungewollte, nicht geplante motorische Äußerungen, die mich und meine Eltern belastet haben und uns häufig verzweifeln ließen. Wie ist es möglich, dass ich mein Verhalten beschreiben kann, aber nicht in der Lage bin es zu stoppen? Ich habe schon vor vielen Jahren darüber nachgedacht, warum ich meinen Willen nicht zuverlässig umsetzen kann. Beispiel: Ich werfe etwas auf den Boden. Anschließend bücke ich mich, hebe den Gegenstand auf und lege ihn auf seinen Platz. Warum setzt der Willensimpuls nicht früher ein? Zwanghaftes motorisches Verhalten ist mit einer starken inneren Unruhe verbunden.

Ich schrieb einem Freund, als ich einmal wieder von Zwängen gepeinigt wurde: „Ich bin wie ferngesteuert." Es ist tatsächlich so, als bestimme jemand anderes, was mein Körper tun soll. Wie könnte ich sonst das herumwerfen, was mir wertvoll ist: Bücher, CDs, Bilder und Kalender, mit denen mein Zimmer nach meinen Vorstellungen dekoriert wurde? Ich nehme gar nicht mehr die Schönheit oder den Erinnerungswert eines Bildes oder Gegenstandes wahr, sondern ich sehe etwas Störendes, was die zwanghafte Aktion auslöst. Oft hebe ich das, was ich herumgeworfen habe, sofort wieder auf. Die Unruhe an solchen Tagen ist kaum beschreibbar. Ich bewege mich nicht, sondern werde bewegt. Mein Körper verselbständigt sich. Ich spüre mich nicht und muss darum sinnlose Aktionen durchführen. Ich tue etwas, was ich gar nicht will. Das kommt über mich. Ich merke erst verspätet, dass ich die Bewegung gemacht habe. Ich denke dabei gar nicht. Ich realisiere danach, wie Mutter leidet. Aber die Bewegung kommt allein und automatisch, nicht wie andere geplante Bewegungen. Ich muss dabei nicht überlegen, was ich in welcher Reihenfolge tun muss.

Es ist ein schlimmes Erlebnis, wenn ich z.B. zwanghaft gegen Türen schlage und es nicht lassen kann. Ich empfinde dabei nicht einmal Wut. Da ist nur Leere, wo ich etwas empfinden sollte. Da ist auch keine Aggression. Es gibt gar kein Gefühl, und das ist das Schlimme. Wenn ich schreien muss, fühle ich auch nichts. Gefühle sind erst wieder da, wenn ich mich beruhigt habe, meist mit Hilfe von Tavor.

Bin ich boshaft, wenn ich gegen Türen schlage? Boshaft ist jemand, der bewusst agiert und jemandem schaden will. Das ist bei mir nicht der Fall. Ich agiere unbewusst und nicht nach Plan. Ich vermute, dass in meinem Gehirn Botenstoffe durcheinander geraten.

Es geht dabei auch um ethische Fragen. Welches ungewöhnliche Verhalten muss die Gesellschaft aushalten/ tolerieren? Wo ist die Grenze des Zumutbaren? Wann ist es legitim, jemanden einzusperren? Ich bin der Überzeugung, dass niemand schuldig ist, wenn sein Gehirn falsche Zusammenhänge herstellt und Verknüpfungen nicht lösen kann. Es läuft immer darauf hinaus, dass die Person nicht wollen kann, was verlangt wird. Das ist mein Thema. Wenn ich randaliere, dann habe ich den Zugriff zu meinem Willen verloren. Ich reagiere dann auf nichts, weder auf Zuspruch, noch auf energisches Eingreifen. Man müsste ein Medikament erfinden, dass den Zugriff zum Wollen ermöglicht.

*Unruhe*

Ich bewege mich
ohne Ziel und Absicht.
Ich bin umtriebig und
desorientiert.
Wo will ich hin?
Was will ich tun?
Ich weiß es nicht.
Bin ich bei mir?
Bin ich ein anderer?
Ich kenne mich nicht.
Ich bin mir fremd.
Was soll ich tun,
wenn meine Person
auseinander
gefallen ist?

Ich weine um mich, um
Dietmar,
den ich verloren habe.
Ich muss mich
wieder
zusammen setzen
aus vielen Teilen.
Ich will es tun.
Noch heute.


„*Wetterfühligkeit*"

    So lange ich zurückdenken kann, wurde vom Wetter geredet, wenn ich mal wieder „durch den Wind" war. Lustig, dass ich, ohne darüber nachzudenken, diese bildhafte Ausdrucksweise wähle, um auf Zustände hinzuweisen, die von Unruhe bestimmt waren und die mich verrückt erscheinen ließen. War wirklich das Wetter Schuld an meinen Eskapaden? Ich habe mein Unwohlsein manchmal so beschrieben, dass elektrische Impulse in meinem Körper wüteten. Schlimm war es im Frühjahr und im Herbst und wenn Schnee im Anmarsch war. Als wir Ende August 2015 in Holland an einer einwöchigen Segelfreizeit teilnahmen, hatten wir an alle möglichen Probleme gedacht, nicht aber daran, dass der Wind das größte Problem für mich sein könnte.

    Schlimm wurde es, als wir bei einer Insel im Hafen lagen und zu einem Ort, den man vom Schiff aus sehen konnte, laufen wollten. Das folgende Gedicht beschreibt, was ich erlebte und wie ich litt. Warum ich dem Gedicht die Überschrift „Windungeheuer" gab, hat Gründe. Es ist der Hinweis auf einen Text, den ich schrieb, als ich noch in den Zwanzigern war.


*Die Windungeheuer (2015)*

Windungeheuer peitschen mich vorwärts.
Ich verliere die Kontrolle und vergesse, dass meine Eltern
alt und gebrechlich sind.
Ich kann mich nicht beherrschen,

renne fast vor ein Fahrrad.
Wo soll das hinführen,
wenn ich mich nicht in den Griff bekomme.

Eine Weile noch aushalten
den Wind, der mich vorwärts treibt.
Eine Weile noch schauen,
was sich im Winde wiegt
und meine Augen zittern lässt.
Eine Weile die Ohren offen halten
für Windungeheuer.
Dann endlich die rettende Koje.

Den Wind in den Haaren,
den Wind in den Ohren,
den Wind im Nacken,
so flieg ich dahin
Und niemand ahnt, dass ich leide.
Das Lied von den Windungeheuern
Es steckt in den Ohren
und hört nicht auf zu säuseln.


*Windungeheuer (1995)*

Wenn es April wird,
wenn das Wetter seinen Launen freien Lauf lässt,
dann packen mich die Windungeheuer,
schütteln mich
und vermischen meine Sinneswahrnehmungen
zu einem untrennbaren Wahrnehmungsbrei.
Ich habe keine Chance,
wenn mich die Ungeheuer in ihren Krallen halten
und wieder loslassen,
gerade wie sie Lust haben.
Nichts ist sicher.
Ich weiß in manchen Momenten nicht,
ob ich liege oder schwebe.

Ich weiß nicht,
ob ich noch Grenzen habe
oder ob ich aufgelöst bin
und eins mit der Luft.
Windungeheuer umschleichen mich.
Sie äffen mich nach.
"Pack mich",
ruft man mir zu,
und ich greife und greife,
aber ich spüre nichts in den Händen.
Ich strecke meine Hand aus
und spüre keinen Widerstand.
Wo bin ich?
Wer bin ich?
Ein Mensch ohne Grenzen
sucht in seinem Gedächtnis nach Bekanntem,
nach ehemals aufgesogenen Bildern.
Er sucht und sucht die vertrauten Menschen.
Gespeichert hat er sie in unzähligen Bildern,
aber die Bilder
wollen nicht mehr zusammenpassen.
Wo bist du, mein Freund?
Eben warst du mir noch so vertraut,
und ich konnte deine Wärme spüren.
Ich sah dir in die Augen,
aber nun zerfällst du mir.
Ich sehe nur noch die Bruchstücke.
Ich suche dich.
Ich suche,
ich suche,
bis ich dich wieder finde
als ein Gegenüber.

Die Windungeheuer haben sich über Nacht verzogen.
Leben lieben steht auf meinem Programm,
das ich im Morgengrauen entwarf.
Doch ich fand noch keine Ruhe.
Meine Ohren haben sich weit geöffnet

und lassen die winzigkleinen Radaumacher
ungehindert in meinem Kopf spazieren.
Sie lärmen um die Wette.
Sie pfeifen und zischen
und schalten einfach den Knopf ab,
der mir das Sehen von Konturen ermöglicht.
Ich sehe den Freund nicht mehr deutlich genug,
um Glück zu empfinden über seine Anwesenheit.
Wie kann es denn immer wieder passieren,
dass in Sekundenschnelle alles Geordnete
durcheinander gewirbelt wird?
Es perlen wie Regentropfen
die Eindrücke in ein großes Fass.
Ein unheimlicher Wicht
rührt alles durcheinander.
Was herauskommt,
ist ein ehemals vertrauter Mensch,
der aus hässlichen Stücken besteht und stinkt.

Ob es noch einmal möglich wird,
dass jeder Tag,
den ich voll Hoffnung beginne,
ein Tag wird ohne Störungen
durch all die Biester,
die mein gequältes Gehirn bevölkern
und an empfindlichen Schrauben
sich zu schaffen machen.
Ich sehne mich nach Ruhe,
ich spüre unbeschreibliche Sehnsucht
nach einem Tag ohne jene Wesen,
die mich verwirren,
so dass ich tue,
was ich nicht will,
aber lasse,
was kein Mensch ahnt,
weil niemand mir so etwas zutraut.

Es scheint die Sonne,
es blühen die schönsten Frühlingsblumen.
Ich war heute morgen im Wald,
der widerhallte vom Vogelgezwitscher.
Ich konnte den Lärm sogar ertragen,

als ich wieder zu Hause war,
spürte ich eine abgrundtiefe Müdigkeit,
aber ich stellte fest,
dass ich wieder hören,
sehen und fühlen konnte
wie an guten Tagen.


### *Gefühle verarbeiten bzw. ein Gefühlschaos aushalten*

Es beginnt damit, dass man lernt, Gefühle zu benennen und zu unterscheiden. Anzunehmen, dass dieser Lernprozess von allein geschieht, ist naiv, wenn es um Menschen geht, die in das Autismus-Spektrum gehören. Ich habe als Kind Wörter gelernt, mit denen ich Gefühlsregungen beschreiben konnte, aber damit hatte ich diese Gefühle noch nicht existenziell erlebt.

Ich möchte mich bei meinen Überlegungen auf die Beispiele „Glück" und „Schmerz" beziehen. Was Glück bedeutet, habe ich erst im fortgeschrittenen Alter annäherungsweise begriffen. Das Wort hat viele Konnotationen. Was mich gegenwärtig besonders betrifft, ist das Ergriffensein von dem Gefühl, Freundschaft zu erleben. Ich empfinde, dass ich angenommen werde trotz meiner erheblichen Einschränkungen. Aber ich kann auch etwas zurück geben. Der, der mir Freundschaft schenkt, wird von mir auch beschenkt, denn ich kann mich in ihn einfühlen. Ich verstehe ihn mit all seinen Freuden und Sorgen. So erlebe ich Glück. Meine Sicht ist absolut subjektiv. Eine Definition gibt es nicht von dem, was das Wort Glück meint.

Mit dem Wort Schmerz verhält es sich ähnlich. Vielleicht lässt sich körperlicher Schmerz medizinisch, naturwissenschaftlich beschreiben, aber es gibt schmerzliche Erfahrungen, die ein ganzes Leben prägen können und die sich immer wieder einschleichen, wenn beglückende

Erfahrungen gemacht werden. Was dann passiert, habe ich mal „Gefühlsbrei" genannt.

Nachts liege ich lange wach. Meine Gedanken und Gefühle lassen sich nicht abschalten. Ich komme nicht zur Ruhe und fange immer wieder damit an, an etwas herum zu manipulieren. Manchmal habe ich eine merkwürdige Ahnung: Unterschiedliche Nervenimpulse, die sich normalerweise gar nicht kreuzen, vermischen sich und dabei entsteht ein Chaos der Gefühle. Wie kann es sonst passieren, dass ich gleichzeitig Glück und Schmerz empfinde, was wiederum dazu führt, dass ich mein Verhalten gar nicht mehr steuern kann. So geschehen, als mich mein Freund besuchte. Es war ein Besuch, der ausschließlich positive Gefühle bei mir auslöste.

Warum nur bin ich so unruhig? Ich komme nicht dahinter. Ist es das schlechte Körpergefühl oder ist es der Gefühlsbrei? Es spielen ja nicht nur Glück und Schmerz eine Rolle. Was den Schmerz anbetrifft, mag ich gar nicht weiter bohren. Es gab stets zu viel Schmerz, der glückliche Momente überdeckt hat. Ich trage auch Schmerz in mir, der meiner Mutter zugefügt wurde.

Ich kann auch von Wut berichten, die zuweilen übermächtig wurde und dazu führte, dass ich Türen knallte. Das Gefühl verselbständigte sich und wurde zu einer zwanghaften Handlung.

Wann schlägt Wut in Hass um? Vielleicht passiert das bei mir gar nicht, denn es gibt eine Bremse. Ich entwickle schnell ein starkes Mitgefühl für Menschen, die ihre innere Unsicherheit überdecken müssen.

Was aber lässt schmerzliche Gefühle aus längst vergangenen Zeiten immer wieder hochkochen?

Bin ich vielleicht unfähig, Erlebnisse zu verdrängen? Bleibt alles im Bewusstsein, was ich mal aufgenommen habe, Verarbeitetes, nicht Verarbeitetes und alles, was ich gar nicht verarbeiten konnte, weil ich noch zu jung war? Könnte es sein, dass mein emotionales Gedächtnis ähnlich gut funktioniert wie mein Gedächtnis für Fakten? Gibt es aber keine Verdrängungen, dann wäre es geradezu kontraindiziert, therapeutisch an Verdrängungen arbeiten zu wollen. Habe ich vielleicht deswegen vor vielen Jahren die Psychotherapie abgebrochen?

Heute weiß ich besser, was ich therapeutisch brauchen könnte: Hilfe bei der Aktivierung meines Willens. Nach wie vor kann ich nicht immer tun, was ich will, noch kann ich rechtzeitig stoppen, was ich nicht will. Es fällt gut beobachtenden Mitmenschen auf, dass ich Gegenstände herumwerfe und sofort wieder aufhebe. Mein Wille reagiert zu spät.

Wenn ich darüber nachdenke, wie Gefühle verarbeitet werden, dann kann ich gar nicht anders, als von mir selbst auszugehen. Aber ich interessiere mich für Menschen, die ähnlich behindert sind wie ich. Da ist Toni, der 16-jährige Sohn meines Freundes, ein nicht sprechender Autist, der sich mit Hilfe einer Buchstabentafel verständigt. Er kann zeigen, dass er mehr weiß, als man ihm in der Schule zugetraut hat. Er bringt auch Gefühle zum Ausdruck. Ich beobachtete Ärger, Empörung und Wünsche, die sich auf die innige Beziehung zu seinem Vater bezogen. Wie kann man Toni helfen, seinen Sprachschatz zu erweitern, so dass er seine emotionalen Bedürfnisse noch besser artikulieren kann? Ich würde mit ihm an Begriffen arbeiten, mit denen er Gefühle beschreiben kann. Beispiele: jemanden lieben, schätzen, bewundern, beneiden, verachten, hassen u. a. Entsprechend müssen die Substantive erklärt werden. Es geht um Abstrakta wie Liebe, Wertschätzung, Bewunderung, Verachtung, Eifersucht, Hass u. a.

Aber wie vermittelt man einem 16-jährigen, jungen Mann die entsprechenden Erlebnisse, so dass die gelernten Begriffe keine Worthülsen bleiben? Und wie kann die Umwelt verstehen lernen, was in diesem jungen Menschen, dessen Bewegungen oft unkontrolliert sind, vor sich geht? Ich habe mehr Fragen als Antworten. In meiner eigenen Geschichte hat Literatur eine große Rolle gespielt. Was ich nicht selbst erleben konnte, fand ich in der Literatur so erzählt, dass ich mich in andere Lebenswelten einfühlen konnte.

Also müsste man Tonis Interesse für anspruchsvolle Literatur wecken. Auch Hörbücher kommen in Frage.

## 3. Vom Erschrecken über eigenes „ver-rücktes" Verhalten zu Versuchen, die Probleme kognitiv zu bewältigen.

*Was ich in der Woche nach dem 5. März 2016 schrieb, ist einem therapeutischen Prozess nicht unähnlich. Ich kam auf die Idee, mir selbst zu helfen, indem ich schriftlich einen therapeutischen Prozess in Gang bringe. Ich hatte dabei im Hinterkopf, was mir mein Bruder, psychologischer Psychotherapeut mit eigener Praxis, über kognitive Verhaltenstherapie erzählt hat.*

*Nachdem ich in einer Woche viele meiner Probleme zu analysieren versucht hatte, war ich erstaunlich ruhig und ohne auffälliges Verhalten. Dass das nicht das Ende eines therapeutischen Prozesses sein konnte, sah ich ein.*

*Ich habe mich entschlossen, meine handschriftlichen Tagebuchaufzeichnungen nicht zu überarbeiten, sondern in der Originalfassung zu belassen. So bleibt die Authentizität meiner Aussagen am ehesten gewahrt.*

### 6.3.

Gestern war Gernots Geburtstag (Gernot ist mein älterer Bruder). Was mir passierte, ist nicht erklärbar. Ich geriet in Panik, als ich aus dem Auto aussteigen sollte, folgte Mutter widerwillig bis zur Haustür und rannte in Panik zum Auto zurück. Dummerweise war Gernot nicht da, weil er Brötchen holte. Maren (meine Schwägerin) hatte uns nicht gehört. Ich wusste, dass Garten und Terrasse neu gestaltet waren. Alles sah verändert aus. Ich hatte erwartet, dass Gernot uns entgegen kommt. Aber erklärt das meine Panik, meinen Widerstand? Mutter gab mir 2 mg Tavor. Ich blieb im Auto sitzen, bis Gernot kam. Er ist ein starker Mann und trug mich gegen meinen Widerstand ins Haus, wo ich mich beruhigte und später einschlief.

Was war los mit mir? Waren es mal wieder die visuellen Verzerrungen, die mich ausrasten ließen? Das allein kann es nicht sein. Was sind Panikattacken? Irgendetwas läuft im Gehirn ab, das sich nicht steuern lässt. Aber was? Es war ja nicht das erste Mal, dass mir so etwas passierte. Einmal passierte es, als wir meinen Bruder Rüdiger besuchten.

Auch da hatte sich etwas am Haus verändert. Was ist mit den Veränderungsängsten der Autisten? Ich dachte immer, dass dieses Merkmal für mich gar nicht zutrifft. Ich habe Reisen in fremde Länder genossen. Ich mag es, wenn meine Mutter nach meinen Wünschen mein Zimmer umdekoriert.

*(An Mutter gerichtet:)*

Ich möchte, dass du mal im Internet schaust, was da unter Panikattacken steht. Ich mache das nicht mit Absicht. Ich bin beschämt und verstehe, dass ihr Angst habt, mit mir etwas zu unternehmen. Mir ist das so unangenehm. Ich habe wohl wahrgenommen, wie fertig du warst. Wir können nicht reisen, das sehe ich ein.

Ich habe nichts gespürt, war nicht wirklich anwesend, hatte Angst vor dem Gebäude, das so komisch aussah, je näher ich kam. Ich glaube, dass die Panik etwas mit visueller Verzerrung bei der räumlichen Wahrnehmung zu tun hat. Alles andere spielt keine große Rolle. Dass Gernot nicht da war, war nicht der Auslöser.

8.3.

*(an Mutter)* Ich finde, dass du immer positiv eingestellt bist und lobst, was zu loben ist. Ich habe mich wirklich bemüht nicht auszurasten. Ich will nicht so schlimm sein.

Ich habe auch noch mal über die Panik nachgedacht. Auf dem Segelschiff hatte es eine andere Qualität. Da ging die Gefahr vom Wasser aus. Die anderen Male gab es optische Täuschungen als Auslöser für eine unbeherrschbare Todesangst. Die Vorstellung zerquetscht zu werden, war übermächtig. Man muss unterscheiden: Wenn ich im Raum bin, wird es u. U. eng und enger. Das macht Angst. Wenn ich mich vor der Schwelle befinde, beginnt die Vorstellung, dass der zu betretende Raum eng wird und mich zermalmt. In jedem Fall spielt Todesangst eine Rolle. Ich denke über Todesangst nach. Ich will ja leben. Anders würde es ja keinen Sinn machen, Angst vor dem Tode zu haben. Ich hatte aber auch schon Todessehnsucht. Immer sind Sinnestäuschungen im Spiel. Und die Sinnestäuschungen haben auch etwas mit dem Wetter zu tun.

Ich habe keinen Rückfall, bin wieder ruhig. Dass ich so viel geschrieben habe, hat mir geholfen. Mir ist vieles klarer geworden. Eigentlich machen wir so etwas wie eine Therapie. Ich will davon loskommen. Ich möchte es in den Griff bekommen. Ich will doch meine Brüder noch besuchen. Es darf nicht mehr vorkommen.

Ich bin nun ruhig, aber ich denke immer noch darüber nach, was mich am Samstag so in Panik geraten ließ. Warum habe ich Todesangst? Ich wäre doch beinahe gestorben, als ich ein Säugling war. Natürlich habe ich keine Erinnerungen daran, aber ich weiß es aus den Erzählungen. Kann so ein Erlebnis das ganze Leben beschatten? Ich habe lange angenommen, dass ich keine Angst vor dem Tode habe, hatte manchmal Todessehnsucht. Ich sehnte mich nach Ruhe, nach verlässlichen Sinneswahrnehmungen. Nun Todesangst? Ich weiß nicht sicher, ob es das ist. Oder ist es doch nur die Angst vor den Sinnestäuschungen? Habe ich eine Angststörung? Das passt zum Autismus. Aber was soll ich tun? Ich weiß, dass es sich um eine irreale Angst handelt. Niemand und nichts quetscht mich ein. Das sollte man doch in den Griff bekommen können. Ich muss den Verstand einschalten. Wieso gelang mir das bis jetzt nicht?


9.3.

Ich war ruhig bis zum Morgen. Sollte die Klärung meines Problems etwas bewirkt haben? Ich sollte aber noch weiter darüber nachdenken. Ich muss noch genauer differenzieren, in welchen Situationen ich Todessehnsucht gefühlt habe, in welcher Todesangst mit Panikverhalten. Das Gefühl, am liebsten im Wasser zu verschwinden, hatte ich schon als kleines Kind, d.h. in einem Alter, als ich mit dem Begriff Tod noch gar nichts anfangen konnte. Es war eine unbestimmte Sehnsucht nach Ruhe und eindeutigen Sinneswahrnehmungen. Ganz nebulöse Erinnerungen habe ich an Wege mit Blick auf das Meer. Ich wurde von Mutter festgehalten, wollte mich losreißen. Ähnliche Gefühle, aber nun differenzierter, hatte ich manchmal, wenn wir an einem See oder auf einem Schiff unterwegs waren. Zum letzten Mal passierte es August 2016, als wir in Holland an einer Segeltour teilnahmen. Wir hatten eine enge Kajüte für uns allein. Ich konnte die Enge gut aushalten. Aber dann bestand meine Mutter darauf, dass ich mit ihr auf Deck sitze. Da hielten sich auch etliche Jugendliche auf. Ganz plötzlich sprang ich auf, war in Panik. Mutter schrie: „Haltet ihn fest!" Es gelang, mich zur engen Stiege, die zu unserer Kajüte führte, zu zwingen. Ich kam ohne Hilfestellung runter, Mutter folgte mir. Was war das? Hatte Mutter überreagiert? Nein. Ihr Gefühl hatte eine Gefahr angezeigt. Ich war in Gefahr, kann aber nicht erklären, was die Panik ausgelöst hatte. Es war wieder die unbestimmte Sehnsucht zu versinken. Ich werde mich nicht mehr solchen Situationen aussetzen, denn ich hänge am Leben und will gar nicht sterben.

Anders muss meine Panikreaktion am 5. März 2016, über die ich schon nachdachte, bewertet werden. Das war dem Erlebnis am 25. Oktober 2015 vergleichbar. Wir fuhren nach Heilbronn, wo mein Bruder R. wohnt. Sein Sohn D. hatte seinen 15. Geburtstag. Wir wollten zusammen essen gehen. Ich wusste, dass das große Haus, in dem sie wohnen, renoviert und grundlegend saniert wurde. Als wir vor der neuen Haustür standen, geriet ich in Panik und rannte zur Straße. Nur mit allergrößter Kraftanstrengung packten mich meine Eltern und zerrten mich zur Tür, schubsten mich in den Flur und schlossen die Tür, damit ich nicht fliehen konnte. Auf der Treppe zum 2. Stockwerk beruhigte ich mich wieder. Im Treppenhaus und in der Wohnung hatte sich nichts verändert. Mutter und ich blieben zurück, während alle anderen zum Chinesen verschwanden. Ich hatte nun Zeit genug nachzudenken, was mir passiert war.

Es war mal wieder eine optische Täuschung, die die Panik auslöste. Aber warum die Schwellenangst? War auch da Angst vor der Enge im Spiel? Angst vor dem Eingesperrtsein in einen Raum, der immer kleiner wird? Steckt dahinter die Fantasie vom engen Sarg, dessen Deckel zuknallt?

Ich habe noch mal überlegt, wie die optische Täuschung in Heilbronn beschaffen war. Es war wie eine Baustelle. Es fehlten die oberen Geschosse, wo Rüdiger wohnt. Die Panikreaktion war pure Angst, dass uns innen die Decke auf den Kopf fällt.

### 10.3.

Eigentlich könnte ich zufrieden sein: zwei ruhige Nächte in Folge, tagsüber keine Eskapaden. Die Panikanfälle scheinen aufgeklärt zu sein. Aber was war los, als ich Türen knallen musste, alles herumgeworfen habe und sogar aggressiv gegenüber Personen wurde, als das Zerstörerische die Oberhand bekam? Da muss ich noch nachdenken, muss endlich meinen Verstand einschalten. Es ist deutlich geworden, dass Medikamente allein nicht helfen können. Wenn ich mein Leben betrachte, steht immer im Raum, dass ich unselbständig geblieben bin, was die Bewältigung des Alltags betrifft. Obwohl ich wie ein Erwachsener denke und empfinde, blieb etwas in mir Kind. Als Kind werde ich wahrgenommen. Für manche bin ich, wenn es mir schlecht geht, das ungezogene Kind. Ich versuche es zu verstehen und verbiete mir, mich zu beklagen. Ich verdränge Wut, Enttäuschung, Unzufriedenheit. Es kommt mir so vor, dass ich versuchen muss, mit dem Verstand Vorgänge im Gehirn zu beeinflussen, die vom Willen abgekoppelt sind. Insofern stimmt es, dass ich Sachen mache, die ich nicht willentlich beeinflussen kann.

Aber was ist mit der Unruhe, die stets den Verhaltensstörungen vorausgeht und sie auslöst und begleitet? Die Unruhe hat körperliche Ursachen und ist an körperliche Reaktionen gebunden. Ich halte die Unruhe nur aus, wenn ich körperlich reagiere und agiere. Die Unruhe kommt und geht, oft kündigt sie sich nicht an, sondern ist einfach da. Ich habe keine Möglichkeit, etwas dagegen zu tun. Es hilft nur Tavor.

Hat die Unruhe etwas mit den Wetterkapriolen zu tun? Es ist eine Vermutung. Beweisen kann es niemand. Ich aber halte die Unruhe kaum aus, renne herum, stapfe durchs Zimmer, schlage Türen auf und zu, bis sie kaputt sind, kippe Stühle um, heb sie wieder auf und ziehe Schubladen auf und knalle sie wieder zu. Ich agiere ohne Sinn und Verstand, weil ich zu vernünftigen Aktionen gar nicht in der Lage bin.

Ich vermute, dass mein Nervensystem außerordentlich labil ist und darum auf atmosphärische Veränderungen reagiert. Das Problem ist alt und wohl nicht beeinflussbar, schon gar nicht mit dem Verstand.

11.3.

Ich habe weiter nachgedacht. Es gibt noch etwas, wozu ich neue Erkenntnisse habe. Was ist los, wenn mir mein Körper entgleitet, wenn ich anfange, in Panik die tollsten Verrenkungen zu machen, wenn ich auf dem Bett liege, die Beine in der Luft, und an die Balkontür trete oder gegen die Wand, an der ein wertvoller Kalender hängt, dessen Bilder mich begeistern, wenn es mir gut geht? Warum muss ich solche verrückten Sachen machen?

Den Körper nicht als Ganzes spüren zu können, macht Angst. Es ist ein Auflösungsprozess, dem ich mit Gewalt zu entkommen versuche. Ich empfinde Angst und Verzweiflung. Ist nicht auch dieses verrückte Verhalten ein Ausdruck von Todesangst, der verzweifelte Versuch, Leben in den Extremitäten zu spüren?

Ich habe das Gefühl, dass ich ruhiger werde, wenn ich mir klar mache, was ich gemacht habe und nie mehr machen möchte. Ich will nicht verrückt sein, und auch nicht so erscheinen. Ich werde aber die Todesgedanken nicht wegdenken können. Da beschattet etwas mein Leben, seit ich lebe. Da ist etwas, was ich erlebt habe, bevor mein Bewusstsein sich entwickeln konnte.

Ich habe mich schon oft gefragt, warum ich lebe. Da ich ja offensichtlich – zumindest zeitweise – für den Tod bestimmt war. Diese Frage werde ich nie beantwortet bekommen.

Es ist eine Wohltat, ruhig zu sein, ohne Tavor genommen zu haben. Ich kann gar nicht begreifen, wie der Wandel zustande gekommen ist.


12.3.

Eine leichte Unruhe kommt hoch. Ich versuche dagegen anzuschreiben. Die Unruhe scheint tatsächlich etwas mit atmosphärischen Einflüssen zu tun zu haben.

Es geht wieder los. Ich will dagegen ankämpfen.

## 4. Wie frei sind Personen, wenn sie sich autistisch verhalten „müssen"?

Was ich über mein „ver-rücktes" Verhalten berichtet habe; ist nicht nur für mich erschreckend und verstörend. Menschen, die mich gern haben, halten solche Eskapaden, wie ich sie beschrieb, schwer aus. Ich aber frage mich: Wo bleibt meine Freiheit?

Dass ich mich zuweilen unfrei fühle, hat mit der Tatsache zu tun, dass ich manchmal nicht wollen kann, was ich wollen können sollte. Mein Gehirn gibt das nicht her, da kann ich mich noch so sehr anstrengen. Aber Schuldzuweisungen haben noch immer das Problem zugedeckt, statt es beim Namen zu nennen.

Es ist ein Zeichen von Freiheit, dass ich so etwas aussprechen kann. Keiner könnte das für mich erledigen. Ohne die Fähigkeit, über meine Situation nachzudenken, könnte ich die Erfahrung von Freiheit nicht machen.

Manchmal habe ich Zweifel, was meine Persönlichkeit ausmacht. Es ist so viel dem Zufall unterworfen. Ich denke, dass ich, wenn ich nicht tun kann, was ich will, meine Persönlichkeit verliere. Der freie Wille schafft doch die Persönlichkeit, das, was den Menschen ausmacht. Heute bin ich eine ganze Person, liebenswert und verständnisvoll. So fühle ich mich. Was kann ich tun, damit es so bleibt?

Wenn man Bewegungen macht, die nicht geplant sind und die immer wiederholt werden müssen, sobald eine bestimmte Reizkonstellation auftritt, muss man von einem Zwang sprechen. Beispiele: Ein Kalender oder ein Bild an der Wand muss berührt und in eine Pendelbewegung versetzt werden. Eine geöffnete Tür wird zugeschlagen, geöffnet und wieder zugeschlagen, bis die Bewegung total automatisiert abläuft und nicht mehr gestoppt werden kann. Wenn ich versuche, zwanghafte motorische Aktionen zu stoppen, klappt das meist nicht. Manchmal reagiere ich verspätet und bringe wieder in Ordnung, was ich angerichtet habe. Auf einmal ist das zwanghafte Verhalten wieder vorbei. Was vorher den Zwang ausgelöst hat, ist uninteressant geworden.

Wenn ich so ruhig bin, frage ich mich, was in meinem Gehirn los ist. Auf einmal kein Zwang und keine Unruhe. Ich bin dankbar und zufrieden. Ich bin doch eigentlich ein gutmütiger Mensch, der nicht nur an sich denkt, sondern andere Menschen im Blick hat und auch die politischen Zusammenhänge sieht. Ich kann doch mit meiner Entwicklung als Persönlichkeit zufrieden sein. Wenn nur die Störungen nicht wären, die ich nicht zu verantworten habe. Ich weiß nicht, wie ich das einordnen soll. Was bedeutet Ethik und Moral für Menschen, deren Gehirn zeitweise nicht mit dem Willen verknüpft ist? Wenn ein Mensch seinen Willen nicht einsetzen kann, dann ist er im moralischen Sinn nicht schuldig.

Ich denke viel über meine Freiheit und meine Unfreiheit nach. Ich lebe ja beides und es liegt nicht in meiner Hand, wann das eine und wann das andere überwiegt. Es gibt manchmal einen Wechsel von einer Minute zur anderen. Und dann sind da noch die Grauzonen, wo nicht ganz klar ist, ob ich vielleicht doch anders könnte, wenn ich alle Kraft zusammennehme. Ich habe auch Probleme damit, das unruhige Herumlaufen einzuordnen. Ist das Akathisie oder ist das doch etwas anderes, etwas, das dem Reflex nahe kommt? Ich habe den Eindruck, dass aufs Ganze gesehen, meine Freiheit erheblich eingeschränkt ist und dass das etwas damit zu tun hat, dass mein Gehirn im Säuglingsalter wegen Sauerstoffmangel geschädigt wurde.

Dass Autismus eine Besonderheit des Gehirns und genetisch bedingt ist, daran zweifelt niemand mehr. Das muss aber nicht bedeuten, dass jeder Mensch, der erblich vorbelastet ist, autistisch wird. Autismus wird als Interaktions- und Kommunikationsstörung beschrieben. Da setzt man in der Regel mit der Therapie an. Man setzt Therapien ein, weist aber darauf hin, dass Autismus nicht heilbar ist. Wie sieht das mit der Freiheit der Probanden aus? Kann er /sie in Freiheit entscheiden, ob er /sie sich auf eine therapeutische Beziehung einlässt, oder zeichnen Abläufe im Gehirn vor, wie weit eine solche Beziehung zustande kommt? Es stellt sich auch die ethische Frage: Wie weit darf der Therapeut gehen, wenn er mit Tricks und Spielereien den Probanden in die Beziehung lockt? Gehört es nicht zur Freiheit eines Menschen, keine Beziehung zu wollen? Aber ist denn ein Leben ohne Beziehungen möglich? Nein. Zum Überleben ist es nötig, dass sich der Mensch wenigstens ernähren lässt. Eine rudimentäre Beziehung zu den

Pflegepersonen muss hergestellt werden können. Grenzerscheinungen und nicht zwangsläufig mit Autismus einhergehend sind alle motorischen Besonderheiten mit repetitivem Vorkommen, die dem Willen nicht zugänglich sind.

## 5. Auch Menschen, die sich autistisch verhalten und in ihrer Handlungsfähigkeit eingeschränkt sind, sehnen sich nach Kommunikation

Wie kam es dazu, dass die Überzeugung in den Vordergrund trat, man müsse vor allen Dingen dafür Sorge tragen, dass die Personen aus dem Autismus-Spektrum, die keine Lautsprache erworben haben, eine Möglichkeit bekommen zu kommunizieren? Meine eigenen kommunikativen Fähigkeiten sind gar nicht auf das Schreiben beschränkt. Die Lautsprache, die nicht spontan einsetzte, wurde durch intensives Üben mehr oder weniger erzwungen. Dass ich Fremden gegenüber stumm blieb, hatte etwas mit motorischen Problemen zu tun. Die präzise Artikulation gelang nicht wirklich, weil ich jede Lautäußerung bewusst planen musste. Der motorische Prozess verlief nicht selbsttätig.

Aber da sind außer mir Personen aus dem Autismus-Spektrum, deren Probleme ich gut kenne. Freundschaftliche Beziehungen über lange Zeiten, aber auch Freundschaften, die hinzukamen, ließen mich immer wieder über die Frage nachdenken, wie man diesen Menschen helfen könnte.

Die Arbeit von Familie Nemitz aus Mecklenburg-Vorpommern mit ihrem Sohn Toni hat mich inspiriert. Beim Fachtag „Inklusion mit Rückzugsmöglichkeiten" am 1. April 2017 in Leinfelden-Echterdingen, organisiert von autismus Stuttgart e.V., hat Friedemann Nemitz über seinen Sohn berichtet. Sein Grußwort ist auf der Homepage von autismus Stuttgart e.V. zu finden. Friedemann Nemitz begann seinen Vortrag mit folgendem Zitat aus einer E Mail, die er mir im August 2016 geschickt hatte:

*„Es ist doch wirklich wahr, dass sich durch Kommunikation die Welt verändert. Wir erleben so viele schöne, wichtige Gespräche mit unserem "nichtsprechenden" Familienmitglied, und die ganze Handhabung der Situation wird dadurch eine völlig andere."*

*„Aber ich bin immer mehr gerne mit Toni zusammen, erlebe viele Situationen, die mich sonst geärgert, genervt und hilflos gemacht haben,*

*nicht mehr so, kann mit Toni inzwischen darüber reden und kann immer mehr kennenlernen, welches Erleben für ihn hinter allem steht.*

*Toni wird immer mehr ein guter Freund, mit dem ich gerne zusammen bin."*

Ich habe damals seine Sätze immer wieder lesen müssen. Der Satz „Es ist doch wirklich wahr, dass sich durch Kommunikation die Welt verändert" blieb bei mir haften. Wir wurden gute Freunde, so dass ich mit Nachrichten versorgt wurde, wie es mit Toni weiter ging. Ich lernte Toni aber auch persönlich kennen und konnte mich von seinen Fortschritten überzeugen.

Wie aber kam die Kommunikation zustande? Nach vielen Zwischenschritten aus dem Umfeld der „Unterstützten Kommunikation" (UK) wurde deutlich, dass Toni lesen konnte, was niemand vermutet hatte. Friedemann Nemitz fertigte eine „Tastatur" aus Karten an. Die Idee bekam er bei einer Fortbildung über PECS.

Toni fiel es von Anfang an leichter, die Buchstabenkärtchen, die mit Klettband auf einer Holzunterlage befestigt waren zu nehmen, als mit dem Zeigefinger darauf zu zeigen, wie es bei FC (gestützte Kommunikation= facilitated communication) üblich ist. Seit Frühjahr 2016 schreibt Toni mit dieser Tastatur. Der Begriff FC kommt bei Familie Nemitz nicht vor. Sie benutzen ausschließlich den Begriff Unterstützte Kommunikation.

*Foto: Ariane Nemitz*

*Tonis „Kartentastatur"*

Als ich diese Tastatur zum ersten Mal sah, kam sie mir ziemlich unförmig vor. Aber dann erlebte ich, wie Toni Buchstabe für Buchstabe gezielt ergriff, so dass kleine Botschaften entstanden, die sein Vater aufschrieb. Eine geringfügige Unterstützung am Ellbogen reichte aus, damit der Junge seinen rechten Arm gezielt einsetzen konnte.

Bevor er einen Buchstaben ergriff, fixierte er ihn, für den Beobachter deutlich zu erkennen, mit den Augen. Diese Art, Kommunikation zu ermöglichen, überzeugte mich.

Tonis Vater hat mir viele Textbeispiele von Toni mit dessen Einverständnis geschickt, so dass ich über die Fortschritte gut informiert bin. Ich staune und bin motiviert, diese Geschichte weiterzutragen.

Ich habe meinen Bruder Rüdiger Zöller (Dipl. Psych. und Psychotherapeut) gebeten zu erklären, wie man verstehen kann, dass das Nehmen und Geben leichter und eindeutiger sein kann als die Zeigegeste. Es ist ja deutlich, dass Toni mit dem Nehmen und Geben der Buchstaben besser zurecht kommt als mit dem Zeigen auf Buchstaben, d.h. er muss, um die Zeigegeste leisten zu können, viel mehr unterstützt werden als beim Nehmen und Geben. Ich muss aber anmerken, dass ein Jahr, nachdem ich Toni kennengelernt hatte, die Benutzung eines Talkers möglich war, d. h. er konnte nun auf die Buchstaben zeigen, benötigte aber mehr Unterstützung als bei seiner vertrauten Methode.

**Was unterscheidet das Nehmen und Geben einer Buchstabenkarte vom Zeigen auf den Buchstaben?** Von Rüdiger Zöller

### 1. Nehmen und Geben

Das Übergeben von Bildkarten ist eine zentrale Kommunikationsmethode im PECS (Picture Exchange Communication System). Meist fängt man mit Übungen zum Wunschausdruck an: Kind wählt Bild eines gewünschten Objektes, übergibt sie dem Kommunikationspartner und erhält im Gegenzug das gewünschte Objekt. Die Kommunikation wird dadurch zu einem sichtbaren Austauschprozess. Im PECS werden die Bildkarten üblicherweise ebenfalls mit Klettband auf einer Unterlage befestigt.

Die motorische Handlung kann leichter sein als das Zeigen „ins Leere", da sie im Nahbereich stattfindet und auf den Widerstand von Objekten stößt, so dass die o.g. motorischen oder Wahrnehmungsprobleme ausgeglichen werden können.

Ein erstes Verständnis für Symbole als Stellvertreter wird aufgebaut (Bildkarte als Stellvertreter des realen Objektes). Das Abstraktionsniveau kann immer weiter erhöht werden durch Verwendung von stilisierten Abbildungen statt realen Darstellungen, die dann auch für eine Gruppe von Objekten statt für ein bestimmtes Einzelobjekt stehen können, durch Ersetzen der Bilder durch Wortkarten, schließlich durch Auflösen von Wörtern in Einzelbuchstaben.

Dies scheint der Status bei dem Jungen aus Mecklenburg zu sein (Toni).

Folgende Aspekte sind dabei zu bedenken:

Es handelt sich immer noch um eine Kommunikation, die auf der direkten Manipulation von Objekten und des Gesprächspartners (durch das Übergeben der Kärtchen) beruht.

Bekanntermaßen kann die Entwicklung in verschiedenen Bereichen weit auseinandergehen. Es kann ein hohes Symbolverständnis vorliegen - manchmal auch nur als reine Zuordnungsleistung -, und trotzdem ein geringes Verständnis für Kommunikation und die Rollen von Sender und Empfänger (bis hin zu hochbegabten Aspergern, die ihr Gegenüber „totreden").

## 2. Die Bedeutung der Zeigegeste

Die Zeigegeste hat zum Ziel, die Aufmerksamkeit des anderen zu wecken und sie in eine bestimmte Richtung oder auf ein bestimmtes Objekt zu lenken. Hierzu ist ein direkter körperlicher Kontakt nicht erforderlich.

Sie setzt die Erkenntnis voraus, dass a) der andere sich mittels seiner Sinneskanäle ein eigenes Bild von der Welt macht, b) dass dies die willentliche Steuerung seiner Aufmerksamkeit erfordert, c) dass folglich die Aufmerksamkeit einer anderen Person anderswo sein kann als die eigene.

Zu dieser Erkenntnisleistung, die ja bereits voraussetzt, sich in andere hineinzuversetzen, sind Babys erstaunlicherweise schon sehr früh in der Lage. Autistischen Kindern scheint dieses Verständnis zu fehlen oder es ist zumindest unvollständig. Daher gilt das Nicht-

Auftreten der Zeigegeste gegen Ende des ersten bis Mitte des zweiten Lebensjahres, meist lange vor Einsetzen der aktiven Sprache als eines der frühesten Warnzeichen für eine autistische Entwicklung. Ein Großteil der frühen Kommunikation beruht auf Aufmerksamkeitslenkung in beiden Richtungen.

Ein motorisches Problem bei der Zeigegeste liegt darin, dass sie im „luftleeren Raum" gegen keinerlei Widerstand stattfindet und Objekte einbeziehen kann, die weit entfernt sind.

Zur Erfolgskontrolle ist es erforderlich, zu überprüfen, ob der andere das Zielobjekt mit seinen Sinnesorganen ebenfalls erfasst hat, etwa durch Verfolgung seiner Blickrichtung, was mehr ist als ein reiner Blickkontakt, gegebenenfalls ebenfalls über eine weite Distanz, was durch Wahrnehmungsprobleme erschwert sein kann.

Im Hinblick auf Toni wären folgende Fragen interessant:

Inwieweit besitzt er ein Verständnis dafür, dass er die Aufmerksamkeit anderer Personen auch auf andere Weise, d.h. ohne Berührung gezielt manipulieren kann, bzw. inwieweit tut er das?

Welcher Art sind die Kommunikationen, die am Buchstabenbrett zustande kommen? Welche Arten von Aussagen kommen zustande, welche Funktionen haben sie, welche Ziele werden über sie verfolgt? Von wem werden sie initiiert?

Gemäß dem Kommunikationsmodell von Schulz von Thun wäre dabei zu unterscheiden zwischen Sachaussagen („der Ball ist rund"), Appellen („ich möchte …", „Gib mir …"), Ich-Botschaften („ich bin müde, glücklich, habe Schmerzen etc.") und Beziehungsbotschaften („Du gehst mir auf die Nerven").

So weit die Ausführungen meines Bruders.


Ein anderer Fall:

Ich möchte aber auch noch über einen weiteren Fall berichten. Da ist Max, 24 Jahre alt, den ich vor ungefähr 10 Jahren persönlich kennenlernte. Seine Mutter schrieb mit ihm mit der Hand, wobei er gestützt werden musste. Sie benutzen aber auch eine Buchstabentafel. Die Familie war überzeugt, dass FC für Max die beste Möglichkeit war zu kommunizieren. Nun lebt Max bald ein Jahr lang in einer Wohngruppe, in der man gern mit ihm schreiben würde, wenn es nur klappte. Die Eltern sollten lange Zeit nicht kommen, damit sich der junge Mann an die neue Situation anzupassen lernte. Dann kam der Knall. Die Autoaggressionen machten eine Einweisung in die Psychiatrie unvermeidbar. Nun waren Besuche der Eltern erwünscht. Seine Mutter schrieb trotz widriger Umstände mit ihm. Was ich lange vermutet hatte, wurde offenbar: Max hatte die Möglichkeit gefehlt zu kommunizieren. Was er während der Besuche schreibt, darf mir seine Mutter schicken. Ich bin erschüttert, wie einsam sein Leben wurde, seit er keine Gelegenheit hatte, sich schriftlich zu äußern.

Es gibt unterschiedliche Methoden, schriftlich zu kommunizieren. Es ist nicht sinnvoll, die schriftlichen Äußerungen, die entstehen, während eine Person Arm oder Hand unterstützt, in einen Topf zu werfen und zu unterstellen, dass die Berührung, der Hautkontakt, eine Manipulation begünstigt. Ich sehe mir an, was inhaltlich kommuniziert wird, und da merke ich sofort, ob es sich um eine echte Kommunikation handelt.

Das Schreiben mit der Hand hat eigentlich wenig mit FC, so wie es in Lehrgängen vermittelt wird, zu tun. Versuche damit gab es, bevor FC bekannt wurde. Mich hat stets beeindruckt, welche Erfahrungen R. Oppenheim damit gemacht hat. Vor vielen Jahren übersetzte ich folgenden Text von Oppenheim:

"Viele autistische Kinder haben große Probleme, mit Bleistiften, Kreiden oder Buntstiften kontrolliert umzugehen. Diese Behinderung scheint bei Kindern, die nicht sprechen können, stärker ausgeprägt zu sein. Aber das Ausmaß dieses Problems ist natürlich von Kind zu Kind unterschiedlich. Individuell auf das Ausmaß der Beeinträchtigungen beim einzelnen Kind eingehend, bieten wir das Schreiben an, indem wir die Hand des Kindes bewegen und es so mit den motorischen Mustern vertraut machen. Vorausgegangen sind immer Übungen wie Linien, Kreise, Kreuze und andere geometrischen Figuren zeichnen.

Wir glauben, dass die Schwierigkeiten der autistischen Kinder beim Schreiben von einer Apraxie kommen. Auch die Artikulationsprobleme, wenn sich Sprache endlich entwickelt, scheinen hier ihre Ursache zu haben. Es scheint ein grundlegender Mangel in gewissen Bereichen des motorischen Ausdrucks vorzuliegen.

Wenn wir das Schreiben üben, halten wir es gewöhnlich für nötig, die Hand des Kindes für eine gewisse Zeit zu führen. Allmählich können wir jedoch die Hilfe reduzieren bis zu einer bloßen Berührung der Finger an der Schreibhand. Wir wissen nicht genau, was wir mit dem Berühren der Finger bewirken. Was wir aber wissen ist, dass sich die Schrift, wenn wir die Berührung weglassen, stark verschlechtert, obwohl die Schreibhand des Kindes in keiner Weise geführt wird."

Oppenheim zitiert ein Kind: "I can´t remember how to write without your finger touching my skin."

(Oppenheim, R. 1974, Effective Teaching Methods for Autistic Children, Springfield, S. 84; Übersetzung: Dietmar Zöller)


### Learning to write

(aus Tito Mukhopadhyay: „How can I talk, if my lips don't move", S. 157 ff., gekürzt. Übersetzt von Dietmar Zöller)

Warum ich mich im Alter von 46 Jahren mit dem Kapitel in Tito Mukhopadhyays Buch beschäftige, in dem er beschreibt, wie er gelernt hat, mit der Hand zu schreiben, muss ich begründen: Ich möchte nachkommenden Generationen von Autisten etwas hinterlassen: Lernt das Schreiben mit der Hand! Und da finde ich bei dem Inder Tito Mukhopadhyay Unterstützung. Tito gibt unmissverständlich zu verstehen, dass es nicht ausreicht, Buchstaben auf einer Buchstabentafel zeigen zu können. Wie viele andere Autisten hat er Ablehnung und Zweifel erfahren. Er musste beweisen, dass er nicht intellektuell beeinträchtigt war.

Das Buch ist 2017 in meiner Übersetzung im Weidler Verlag erschienen. Tito Rajarshi Mukhodadhyay: „Wie soll ich sprechen, wenn sich meine Lippen nicht bewegen?"

*„Schreibenlernen war die wichtigste Fähigkeit, die ich erreichte, weil sie mir dazu verhalf, ein Geschichtenerzähler zu werden (…).*

*Es bedarf vieler Beweise, bis jene staunenden Augen verstehen, dass autistisch sein dich nicht zu einer Person macht, die keine Meinung über* andere hat - wenn sie es hören wollen. Wie sollen sie es hören, wenn ich nicht einmal sprechen kann? Wie sollen sie es hören, wenn ich Schwierigkeiten habe, meine Wörter auf der Buchstabentafel zu zeigen, wenn sie nicht einmal das glauben wollen? Viele Leute haben nicht die Geduld, wenn sie zusehen, wie ich Buchstaben auf der Buchstabentafel zeige. Manchmal zeige ich zu schnell, manchmal zu langsam. Wenn ich zu langsam bin, spüre ich, wie Leute ungeduldig werden, gehen möchten, es aber nicht tun, um Mutters Gefühle nicht zu verletzen, oder vielleicht auch meine Gefühle, wenn sie an mich glauben. Was auch immer es war, die Dinge mussten sich ändern. Ich brauchte eine bessere Ausdrucksmöglichkeit. Ich wollte nicht festhängen in den Grenzen der Buchstabentafel. Eine neue motorische Fertigkeit wie das Schreiben mit der Hand bedeutete 80 % Anstrengung, 10 % Motivation und 10 % inneren Widerstand. An manchen Tagen war es 50 % Widerstand, 50 % schwere Arbeit und keine Motivation. Es war, als segelte ich durch ein Meer, das manchmal ruhig und manchmal rau war.

Am Anfang, als ich zu schreiben begann, fiel mir dauernd der Stift hin. Ich hatte kein Problem, einen vertrauten Gegenstand in den Händen zu halten, aber wegen meiner selektiven taktilen Erfahrungen war das Halten eines neuen Objektes ein richtiger Schmerz. Jedes Mal, wenn ich einen Stift in Händen hielt, musste ich meine ganze Konzentration auf diese Aktion richten. Meine Sinne waren gestresst, wenn ich den Stift festhalten musste, es war ein ungemütliches Gefühl, es war ein Gefühl der Art, als wenn die Haare an den Beinen in die falsche Richtung gestrichen werden. Es war wie das Tragen von neuen Schuhen. Mutter musste den Stift immer wieder hochheben. Ich warf ihn runter, während ich die Wand anstarrte und hoffte, den Stift zurück zu bekommen. Ich tat es immer wieder. Tatsächlich genoss ich es irgendwie, den Stift immer wieder runter zu werfen, so dass Mutter ihn aufheben musste. Wollte ich schreiben? Natürlich wollte ich es. Aber warum warf ich den Stift wieder und wieder runter, statt zu schreiben zu versuchen? Wenn meine Sinne überstimuliert sind, kann man sie nicht stoppen. Meine Sinne haben sich dann so hochgeschaukelt, dass sie dem Verstand nicht zugänglich sind. Ich war von dem Kampf der Sinne gegen den Stift überstimuliert. Wie alt war ich denn? Ich war zwischen 5 und 6 Jahre alt, in einem Alter, in dem Kinder meines Alters in Schulen unterrichtet werden. Ich war gerade von einem dreimonatigen Aufenthalt vom Christian Medical College Hospital in Vellore zurück *gekommen. Dort war keine Rede von irgendeinem Schulbesuch. Schulen in Indien kümmerten sich nicht um die besonderen Bedürfnisse von Schülern, die nicht sprechen konnten. Ich musste zu Hause bleiben, unterrichtet oder nicht unterrichtet. (...)"*

## Was ich gegenwärtig zum Thema Gestützte Kommunikation (FC) zu sagen habe

(Dieser Text erschien in dem Themenheft „Einander verstehen ohne Sprache" der österreichischen Zeitschrift „behinderte menschen, Zeitschrift für gemeinsames Leben, Lernen und Arbeiten", Nr. 3, 2016 unter der Überschrift „Die gestützte Kommunikation ist für nichtsprechende Autisten unverzichtbar").

Über das Thema Gestützte Kommunikation (FC) habe ich viel nachgedacht. Meine Veröffentlichungen dazu finden Sie unter den Literaturangaben. Das Thema lässt mich nicht los, und ich bin nach wie vor fassungslos, wie das Thema abgetan wird, ohne dass an die Menschen gedacht wird, für die FC die einzige Möglichkeit ist zu kommunizieren. Ich wundere mich, dass so viele Fachleute, die es wissen könnten, nicht darauf kommen, dass bei manchen Menschen das Zusammenspiel von Sehen und Motorik schlecht funktioniert. Die visuelle Wahrnehmung ist abgekoppelt von den Bereichen des Gehirns, in denen der Willensimpuls aktiviert wird, der notwendig ist, um eine Bewegung in Gang zu setzen. Man muss dann z.B. bei der Benutzung einer Tastatur die visuelle Fixierung einen Moment auflösen, um sich auf Arm, Hand und Finger zu konzentrieren. Die Bewegung muss gezielt erfolgen, der Buchstabe oder das Wort muss mit dem Zeigefinger berührt werden. Jemand, der eine Störung in der Auge-Hand-Koordination hat, trifft den Buchstaben auf einer Tastatur nicht ohne Hilfe. Er muss gestützt werden. Ist das so schwer nachvollziehbar? Für mich sind diese Zusammenhänge schon lange klar. Das Problem der nicht vorhandenen Auge-Hand-Koordination hat Auswirkungen auf alle Lebensbereiche, in denen es auf das Zusammenspiel von visueller Wahrnehmung und Handmotorik ankommt. Schon seit vielen Jahren habe ich Kontakte zu einer Reihe von Personen, die nicht nur beim Schreiben gestützt werden müssen, sondern bei vielen anderen

Tätigkeiten auch. Wir haben unsere Probleme immer Handlungsstörungen genannt.

Dass diese Zusammenhänge von denen, die FC ablehnen, nicht gesehen werden, macht mich wütend und aggressiv. Ich habe den Verdacht, dass alle Forschung, die feststellen wollte, ob die Kommunikation durch das Stützen beeinflusst wird, einen Selbstzweck verfolgt hat. Unter dem Deckmantel der Wissenschaftlichkeit verdrängt man die Tatsache, dass nichtsprechende Autisten keineswegs alle geistig behindert sind. Man müsste ja zugeben, dass man sich viele Jahre seines Lebens bei der Einschätzung von autistischen Menschen geirrt hat. Wissenschaftliche Untersuchungen sind notwendig und manchmal hilfreich. Wenn es um Kommunikation geht, sollte man aber danach gucken, was kommuniziert wird. Die Inhalte sollten analysiert werden. Es sollte möglich sein, in sorgfältiger Kleinarbeit authentische Aussagen von vielleicht beeinflussten Sätzen zu trennen. Es lässt sich doch gar nicht mehr leugnen, dass autistische Menschen am besten beschreiben können, wie sie wahrnehmen und denken.

## Über das „Stützen" und über die Möglichkeiten des „gestützten Schreibens"

Was für eine Assoziation hat eine Person, die nichts von der „Gestützten Kommunikation" (FC) weiß, bei dem Wort „stützen"? Ich fantasiere:

- Häuser werden abgestützt, wenn die Statik nicht mehr hält.
- Eine Pflanze muss manchmal gestützt werden, damit sie nicht umfällt.
- Manche Personen können laufen, wenn sie jemand stützt oder wenn sie sich auf einen Stock stützen können.

Als ich noch nicht im Schulalter war, konnte ich Bilder malen, wenn meine Mutter meinen Arm, zuweilen auch die Hand, stabilisierte. Ich brachte dann etwas aufs Papier; das in meinem Kopf als Vorstellung entstanden war.

Ähnlich verlief das mit dem Schreiben. Meine Schreibhand war instabil, die Finger konnten den Stift nicht halten. Ein Druck auf den Handrücken wirkte Wunder. Ich schrieb nicht schön, aber ich schrieb, was ich als Vorstellung im Kopf hatte.

Ich kehre zurück zu der Person, die nichts von der Gestützten Kommunikation weiß. Wird sie begreifen, warum ich gestützt werden musste? Vielleicht.

Das Nervensystem ist einem Haus vergleichbar, in dem die verschiedenen Räume durch Türen verbunden sind, durch die man ein- und austreten kann. Mein „Nervenhaus" hat viele verschlossene Türen, die sich nicht öffnen lassen. Dann sind Arme und Hände u. U. vom Körper abgetrennt und gehorchen nicht mehr den Befehlen, die das Gehirn aussendet. Die helfende Hand der Person, die mich stützt, ersetzt dann eine ferngesteuerte Prothese.

Das Bild „Nervenhaus" gefällt mir. Warum soll es in diesem Haus keine Räume geben, in denen Bilder und Vorstellungen entstehen, die nur mit fremder Assistenz aufs Papier gebracht werden können?

Es gibt Kritiker, die das nicht verstehen und nie verstehen werden, weil sie sich nicht damit beschäftigen, wie das Gehirn arbeitet.

So kam es zur Ablehnung der Gestützten Kommunikation: Dass damit unverzichtbare Entwicklungsschritte verhindert werden, wurde meist nicht gesehen. Das gestützte Schreiben kann

- Lernprozesse in Gang bringen
- die Aufmerksamkeit bündeln und damit das Kind zur Ruhe bringen
- einfache Interaktionen ermöglichen.

Ich denke daran, dass meine Mutter Wörter auf Zettel schrieb und mich aufforderte, ihr den Zettel zu reichen, auf dem ein bestimmtes Wort geschrieben stand. Etwas geben oder zu nehmen, das ist die einfachste Form der Interaktion. Auch bei dieser einfachen Übung kann es notwendig sein zu stützen.

Ich plädiere dafür, dass jedes autistische Kind lernt, Buchstaben und Wörter zu unterscheiden. Wichtig ist, dass jeder Mensch lernt, Wünsche und Bedürfnisse zu artikulieren. Das ist ein Menschenrecht. FC ablehnen, weil man nie ausschließen kann, dass die stützende Person bewusst oder unbewusst beeinflusst, heißt, „das Kind mit dem Bade auszuschütten". Beeinflussung ist möglich, aber das Problem kann man langfristig in den Griff bekommen. Gestützt zu schreiben ist immer noch besser, als keine Möglichkeit zu haben, sich zu verständigen.

**Eine Dissertation erklärt das gestützte Schreiben mit der Fähigkeit, ideomotorische Bewegungen der Stützperson lesen zu können.**

„Zur Wirkungsweise der körperlichen Stütze während der Gestützten Kommunikation. Analyse des Forschungsstands und Ableitung weiterführender Forschungsfragen" (Dissertation von Allmuth Bober, die im Febr. 2011 von der Humanwissenschaftlichen Fakultät der Universität Köln angenommen wurde).

Die Dissertation von Allmuth Bober hat mich interessiert, weil ich mich mit der Thematik "Wirkungsweise der körperlichen Stütze während der Gestützten Kommunikation" auch schon befasst habe und weil ich seit vielen Jahren darüber nachdenke, warum für meine Entwicklung es so überaus wichtig war, dass ich angefasst wurde, wenn ich etwas tun sollte. Es gab Zeiten in meiner Entwicklung, da wusste ich erst, was ich mit meinem Körper tun musste, wenn ich an dem Körperteil berührt wurde, den ich bewegen sollte. Bober erwähnt in ihrer Dissertation, dass meine Eltern FC praktizierten, bevor Crossley ihre Bücher veröffentlichte. Das „Stützen" beschränkte sich aber bei mir nie auf das Schreiben, sondern war nötig bei allem, was ich im Zusammenhang mit der verhaltenstherapeutischen Entwicklungsförderung lernen musste. Ich schrieb ausschließlich mit der Hand, bis die Gestützte Kommunikation (FC) in Deutschland bekannt wurde und ich dann auch das Tippen mit dem Zeigefinger auf einer Tastatur lernte.

Bober tritt an, um die Annahmen der FC-Befürworter und FC-Kritiker darzustellen und zu prüfen, wo noch Forschungsbedarf vorliegt. Es wird auf den ca. 270 Seiten dieser umfangreichen Arbeit immer deutlicher, dass Bober die Meinung vertritt, dass FC-Nutzer ideomotorische Bewegungen ihrer Stützer lesen können. Sie benutzt dafür den Begriff „Muskellesen".

Als schwer betroffener Autist kann ich nur staunen, was Bober mir und allen anderen FC-Nutzern zutraut. Wir können ja nicht einmal die sichtbaren Bewegungen eines Gegenübers verstehen und imitieren. Außerdem ist das Körpergefühl entscheidend gestört, oft in manchen Gliedern gar nicht vorhanden. Wie sollen wir dann die ideomotorischen Bewegungen der Stützperson aufnehmen? Wie soll das mit dem Muskellesen funktionieren, wenn ich auf meinem Bett liege und in Gedanken Texte formuliere, die ich später in Gegenwart meiner Stützerin aufschreibe? Ich denke und formuliere vor dem Schreiben. Ich habe Zweifel, ob es für einen Autisten möglich ist, gleichzeitig „Muskellesen" zu praktizieren und sich auf einen Buchstaben hin zu bewegen. Unabhängig voneinander haben autistische Autoren berichtet (Gerland, Schuster, Mukopadhyay, Williams, Zöller), dass sie immer nur eins können. Williams nennt das "mono" sein und weist in einem Aufsatz darauf hin, dass jemand, der z.B. bei seinen Gefühlen sei, nicht gleichzeitig sachlichen Anforderungen nachkommen könne. Ich selbst habe, wenn ich einen Buchstaben fixiert hatte, gezögert, ihn anzutippen. Ich konnte nicht gleichzeitig hinschauen und motorisch in Gang kommen. Es ging nur zeitverzögert.

Das gestützte Schreiben mit der Hand; wozu es meines Wissens keine Studien gibt; kommt in Bobers Dissertation nicht vor. Die motorischen Aktivitäten, die erforderlich sind, um ein Wort mit der Hand zu schreiben, sind viel komplizierter als das Tippen eines Buchstabens. Wie soll ein Autist beim Schreiben mit der Hand mit Hilfe von „Muskellesen" erspüren, was die Stützperson denkt? Beim schnellen Schreiben kann ich mir das gar nicht vorstellen.

Positiv zu werten ist, dass Bober die Forschung über FC nicht für abgeschlossen hält. Sie erkennt an, dass für viele offene Fragen Forschungsbedarf besteht.

## Der therapeutische Wert des Schreibens

Die Auseinandersetzung um die Gestützte Kommunikation (FC) hat dazu geführt, dass der therapeutische Wert des Schreibens gar nicht ins Blickfeld gekommen ist. Und dabei müsste doch klar sein, dass chaotische Sinneserfahrungen strukturiert werden, wenn ich etwas darüber schreibe. Auch die Gefühle können mit Hilfe des Schreibens geordnet und bewusst gemacht werden. Ich habe mal über den „Gefühlsbrei" geschrieben, der Unruhe schafft, wenn das einzelne Gefühl nicht identifiziert und benannt werden kann. Dabei braucht man zuerst Interpretationshilfen. Ich selbst bekam diese Hilfen von meiner Mutter beim Spiel mit Handpuppen und einer großen Puppe, die mir eine Freundin ersetzte und der meine Mutter eine Stimme gab.

Ich selbst lernte früh aufzuschreiben, was ich erlebte. So bekam ich allmählich die verzerrten Sinneswahrnehmungen in den Griff. Sie verschwanden nicht, aber ich hatte eine Möglichkeit, sie schreibend zu hierarchisieren und zu strukturieren.

Autistische Kinder erleben ein entsetzliches Chaos. Was sie sehen und hören passt irgendwie nicht zusammen, ergibt keine Ordnung. Die Sinnesreize überschwemmen die Kinder. Viele halten sich die Ohren zu oder bedecken die Augen. Sie ziehen sich zurück, verstecken sich, um sich zu schützen. Aber auch die Gefühle überschwemmen sie. Sie verstehen nicht, was los ist.

Wichtig ist zuerst, dass das Kind die Aufmerksamkeit kanalisiert. Wir sprechen von der „geteilten Aufmerksamkeit", d. h. Therapeut/Mutter und Kind schauen gemeinsam etwas an oder horchen gemeinsam auf ein Geräusch oder einen Klang.

Wenn ich das, was das Kind mit den Sinnen aufnimmt, sprachlich begleite, muss ich sehr bewusst Sprache einsetzen. Vielleicht muss ich am Anfang, was ich sage, mit Gesten unterstreichen. Es kann sinnvoll sein, immer dasselbe Vokabular zu benutzen.

## Das Schreiben mit der Hand

Um einen Stift halten zu können, muss man in der Lage sein ihn taktil zu spüren, das gelingt nicht immer. Aber noch schwieriger ist es, so viel Druck zu entwickeln, dass der Stift nicht aus der Hand fällt. Dann muss der Stift die Unterlage berühren, d.h. der Schreibende muss spüren, wann Stift oder Feder den Papierkontakt haben. Die visuelle Kontrolle allein reicht nicht. Es geht ums Spüren. Das ist das Hauptproblem. Dann kommt die Bewegungskontrolle dazu. Meine Hand- und Armgelenke verändern, während ich schreibe, ihre Stellung im Raum. Ich muss alle Prozesse willentlich kontrollieren.

Wie kann man diesen äußerst komplizierten Vorgang erleichtern? Eine orthopädische Bandage, die das Handgelenk stabilisiert, hilft viel.

Aber am Anfang, wenn ein Kind das Schreiben lernen soll, bedarf es umfassenderer Unterstützung. Eine Stützperson legt ihre Hand auf die Hand der Person, die schreiben soll. Dass das funktioniert, hat R. Oppenheim schon 1974 beschrieben (Oppenheim, R., 1974, Effektive Teaching Methods for Autistic Children, Springfield).

Es ist aber auch möglich, während der ersten Übungsphase die Hand zu führen. Dann steht im Fokus des Interesses nicht das selbstständige Formulieren, sondern das Einüben des motorischen Ablaufs. Zum selbstständigen Formulieren wird nur das Kind kommen, das über ein entsprechendes geistiges Potential verfügt.

Bevor das Kind lernt Buchstaben zu schreiben, sind mannigfache Vorübungen nötig. Die Kritzelphase sollte keineswegs übersprungen werden. Sie übt den Umgang mit einem Stift oder mit Kreide ein.

Welche Bedeutung kann das Schreiben mit der Hand im Erwachsenenalter haben? Ich lernte etwas von einer Parkinsonkranken. Sie schrieb mir eines Tages einen Brief in Schönschrift auf liniertem Papier, wie Erstklässler es benutzen, und erklärte dazu, dass sie das aus therapeutischen Gründen machen müsse, um nicht die Fähigkeit zu schreiben zu verlieren.

### Warum ich mich für das „gestützte Schreiben" einsetze

Warum wähle ich den Ausdruck „gestütztes Schreiben" und vermeide immer häufiger den Ausdruck „Gestützte Kommunikation" (FC)? „Gestützte Kommunikation" wurde geradezu zu einem Schimpfwort, und die, die nicht gegen FC sind, werden lächerlich gemacht (s. Heilpädagogische Forschung, Heft 3, 2012). Auch Anwender/innen des gestützten Schreibens, und dabei ist es egal, ob eine Tastatur oder Buchstabentafel bevorzugt wird, oder ob mit der Hand geschrieben wird, lesen kritische Literatur. Es sind nicht alle Dummköpfe, die jemanden beim Schreiben unterstützen, oder die sich, wenn notwendig, „stützen" lassen.

Von gestützter Kommunikation wusste niemand etwas, als meine Mutter intuitiv erspürte, dass sie ihr stark entwicklungsverzögertes Kind berühren musste, wenn das Zeigen auf Bilder oder Buchstaben gelingen sollte. Das klappte am Anfang gar nicht gut. Meine Mutter fand heraus, dass ich eindeutiger reagierte, wenn sie mich aufforderte: „Gib mir..." (die Puppe, das Bild mit dem Ball usw.) So lernte ich auch, Buchstaben gezielt auszuwählen und Mutter zu geben. Das alles musste ich glücklicherweise im Vorschulalter lernen. Ich lernte noch mehr. Mit etwas Hilfestellung lernte ich, eine Kreide in der Hand zu halten. Ich machte die Erfahrung etwas zu schaffen, was ich anschauen konnte. Meine Bewegungen mit der Kreide bewirkten, dass etwas entstand, was nicht sofort wieder verschwand.

Was bei mir im Vorschulalter angebahnt wurde, führte im Schulalter, obgleich ich keine Schule besuchte bis zu meinem 11. Lebensjahr, zum „gestützten Schreiben" mit der Hand. Ich schrieb, während meine Mutter meine Hand berührte, erste kleine Texte. In meinem Buch „Wenn ich mit euch reden könnte" (1989) sind einige frühe Texte abgedruckt. Ich bekam auf mein erstes Buch außerordentlich viele positive Rückmeldungen. Mir wurde zum Beispiel mitgeteilt, dass autistische Kinder ruhig wurden, sogar lächelten, wenn ihnen aus meinem Buch vorgelesen wurde. Damals fühlte ich mich zum ersten Mal in meinem Leben gut, weil ich offensichtlich Menschen geholfen hatte, behinderte Kinder besser zu verstehen und mich, wie es schien, auch autistische Kinder verstanden. Das ist lange her.

Niemals hätte ich erwartet, dass eines Tages Fachleute sich erheben und meinen dagegen kämpfen zu müssen, dass man autistischen Kindern das Schreiben beibringt. Ich könnte schreien, wenn ich lese, wie die Zeitschrift Heilpädagogische Forschung mit dem Thema Gestützte Kommunikation umgeht. Die wissenschaftliche Rechthaberei verstört mich. Wir, die wir diese schreckliche Behinderung aushalten müssen, sind Menschen mit Gefühlen, auch wenn wir uns oft wie „Verrückte" verhalten.

Ich möchte bis zu meinem letzten Atemzug dafür kämpfen, dass autistische Menschen schreiben lernen, unabhängig davon, ob man sie dabei an der Hand, am Arm oder an einem anderen Körperteil berühren muss und unabhängig davon, ob man experimentell nachweisen kann, dass sie sich nicht beeinflussen lassen.

### Ob die Gestützte Kommunikation (FC) eine wirksame Methode ist, kann man nicht experimentell beweisen

Das wenig koordinierte Nervensystem von FC Nutzern hat Auswirkungen bei der Anwendung der Gestützten Kommunikation (FC)

Man sollte einsehen, dass es sich bei der Gestützten Kommunikation (FC) nicht um ein Problem handelt, das man wissenschaftlich experimentell beweisen kann. Das kann nicht gelingen, weil das Nervensystem zu unzuverlässig arbeitet.

Alle FC-Nutzer scheinen – wenn man Selbstaussagen von Betroffenen und Beobachtungen von Bezugspersonen berücksichtigt – unter Wahrnehmungsverarbeitungsstörungen zu leiden, die nicht zu jeder Zeit gleich stark ausgeprägt sind. Ich selbst erlebe oft, dass die Integration meiner Sinneswahrnehmungen nicht klappt. Ich brauche dann übermäßig viel Kraft, um etwas Sinnvolles d.h. Ziel gerichtetes zu tun. Ich habe schon 1994 Texte auf dem Computer getippt (sehr langsam und mit großer Mühe), ohne gestützt zu werden. Das gelang mir aber nur, wenn ich einen guten Tag erwischt hatte, d.h. wenn mein Nervensystem einigermaßen verlässlich gearbeitet hat. Hätte ich an einem Tag, an dem es mir schlecht ging, an einem wissenschaftlichen Experiment zur Validierung von gestützt entstandenen Aussagen teilgenommen, wäre ich vielleicht durchgefallen und wäre zu denen gezählt worden, die als Beweis dafür herhalten müssen, dass die Gestützte Kommunikation unwirksam ist.

Wir brauchen keine weiteren Validierungsstudien, die feststellen oder nicht feststellen, ob FC Nutzer selbst schreiben oder ob sie sich von einer Stützperson beeinflussen lassen. Wir brauchen aber dringend Wissenschaftler aus der Hirnforschung, die helfen können aufzuklären, warum jemand beim Zeigen auf Buchstaben oder bei der Benutzung einer Tastatur einen physischen Kontakt braucht d.h. gestützt werden muss. Personen, die nur mit Hilfe der Gestützten Kommunikation sich mit anderen Menschen austauschen können, sind individuelle Persönlichkeiten. Niemand hat ein Recht zu behaupten, was sie gestützt schreiben, sei unwichtig, sei nicht ernst zu nehmen. Die Gestützte Kommunikation für unwirksam zu erklären, stellt eine Diffamierung derer dar, die damit erfolgreich arbeiten (2015).

Literatur:

Zöller, M. (1998): „Autistische Menschen beschreiben ihre Störungen". In: Bundesverband „Hilfe für das autistische Kind e.V." (Hrsg.). Mit Autismus leben – Kommunikation und Kooperation, Tagungsbericht, Hamburg.

Zöller, D.,(2001): Autismus und Körpersprache, Störungen der Signalverarbeitung zwischen Kopf und Körper, Weidler Buchverlag Berlin.

Zöller, D. (2002): Gestützte Kommunikation (FC): Pro und Contra, Weidler Buchverlag, Berlin.

Zöller, M.,(2002): Gestütztes Handeln aus Eltern- und Nutzerperspektive. In: Lang, M. Koch, A. (Hrsg.) 2003, Gestützte Kommunikation – Gestütztes Handeln, Weidler Buchverlag Berlin.

Zöller, D. und Zöller, M,, (2009): Warum hilft es vielen autistischen Menschen, wenn man sie stützt? In: Alfare, H., Huber-Kaiser, T., Janz, F., Klauß, T. (Hrsg.) 2010, FC Facilitated Communication, Forschung und Praxis im Dialog, Loeper Fachbuch, Karlsruhe.

Zöller, D. (2011): Nichts geht automatisch, Weidler Buchverlag, Berlin. Mit Beiträgen zur Auseinandersetzung um die Gestützte Kommunikation.

Zöller, D. (2011): Der therapeutische Wert des Schreibens. In: autismus, Zeitschrift des Bundesverbandes „autismus Deutschland e.V.", Okt. Nr. 72/11.

### Wenn Sprech- und Schreibmotorik nur mit Unterstützung funktionieren

In den 70er Jahren des vorigen Jahrhunderts hat Rosalind Oppenheim bereits einen Zusammenhang zwischen den Problemen bei der Sprech- und Schreibmotorik autistischer Kinder vermutet („Effective teaching methods for autistic Children", Springfield, 1974). Sie machte die Erfahrung, dass autistische Kinder das Schreiben mit der Hand lernen konnten, wenn man sie an der Hand berührte. Ich habe das immer so verstanden, dass die Schreibhand stabilisiert werden musste.

Bei mir selbst war es so. Inhaltlich gab es keine Hilfen. Später machten wir die Entdeckung, dass eine orthopädische Bandage die Hand stabilisieren konnte. Dann wurde nur noch der Rand der Bandage leicht berührt, d.h. es gab keinen Hautkontakt. Beim Sprechen ließ sich das Problem weniger gut kompensieren, weil eine Berührung in der Mundregion in der Öffentlichkeit nicht möglich ist. Es gehörte aber zu meinen Erfahrungen, dass ich deutlicher artikulierte, wenn die Mundregion berührt wurde. Dass Berührung d. h. Hautkontakt mit inhaltlicher Beeinflussung gleichzusetzen ist, kann ich für meine Person nicht bestätigen. Was ich als Kind mit Schrift und Bildern inhaltlich ausdrückte, war besonders, teilweise einzigartig, so dass nur Ignoranten annehmen konnten, meine Mutter sei die Urheberin. Und konnten die Hindernisse beim Schreiben und Sprechen dauerhaft überwunden werden? Nein. An Tagen, an denen ich mich schlecht spüre, bin ich nach wie vor auf Unterstützung angewiesen.

Wer bis zu dieser Stelle gelesen hat, wird denken: Das ist doch „gestützte Kommunikation" (facilitated communication = FC) Das stimmt. Aber weder Oppenheim, noch Familie Zöller kannte FC. FC gab es noch gar nicht, als wir unsere Erfahrungen machten.

Je länger ich darüber nachdenke, desto klarer wird mir, dass es am Anfang gar nicht um Kommunikation ging, sondern um Motorik und Körperwahrnehmung. Das war aber weder meiner Mutter, noch mir bewusst.

Das Buch von Oppenheim bekamen wir erst in den 90er Jahren des vorigen Jahrhunderts in die Hand.

## 6. SchülerInnen mit autistischem Verhalten, die nicht sprechen können, sind nicht zwangsläufig „geistig behindert"

Im vorigen Kapitel war die Rede von Toni aus Mecklenburg-Vorpommern, der lernte, mit Hilfe einer Buchstabentastatur zu „schreiben". Über ihn berichtete sein Vater auf jenem Fachtag am 1.4. 2017 in Leinfelden-Echterdingen:

„2007 war die Einschulung in eine Schule mit dem Förderschwerpunkt „geistige Entwicklung". Wir waren überzeugt, dass Toni dort gut „aufgehoben" war." Aber es kam alles ganz anders. Nachdem Toni zu Hause gelernt hatte, sich mit Hilfe seiner „Kartentastatur" zu verständigen, wollte er nicht mehr in die Schule gehen. Seine Eltern suchten Alternativen. Es gab nur Absagen. Verhandlungen mit dem Schulamt führten zu einer Bewilligung von Hausunterricht. Seit Nov. 2016 kam nun an einem Tag in der Woche eine Hauslehrerin. An den anderen Tagen unterrichteten die Eltern Toni.

Am 8.3. 2017 schrieb Toni über diese Lösung:

AN DER HAUSBESCHULUNG GEFÄLLT MIT;
IMMER BESTMÖGLICHE FOERDERUNG DURCH MEINE ELTERN
ZU BEKOMMEN:
AUF ALLEN ANDEREN SCHULEN WUERDE ICH NIEMALS
AUF GRUND MEINES AUTISTISCHEN WESENS KLARKOMMEN:

Bis heute bemühen sich Tonis Eltern darum, dass die Festlegung auf den Förderschwerpunkt „geistige Entwicklung" korrigiert wird. Toni ist 16 Jahre alt.

Dieser Fall, um den ich sehr gut Bescheid weiß, scheint kein Einzelfall zu sein.

Es muss bekannt werden, dass Schüler wie Toni nicht „geistig behindert" sind.

Die österreichische Zeitschrift „behinderte Menschen" (Nr. 1, 2015) gab ein Heft mit dem Thema „Autismus neu denken" heraus. Ich steuerte einen Erfahrungsbericht bei zu dem Thema „Wie denken und lernen Menschen mit Autismus-Spektrum-Störung (ASS)". Was ich zu dem Thema schrieb, ist biographisch geprägt, kann aber trotzdem als Aufforderung verstanden werden, Vorurteile hinsichtlich autistischer Schüler/innen zu überdenken.

### Wie denken und lernen Menschen mit Autismus-Spektrum-Störung?

Ein Erfahrungsbericht.

Nicht alle Menschen mit ASS denken in Bildern.

1992 erfuhr ich zum ersten Mal etwas über Temple Grandin, eine amerikanische Autistin, die inzwischen auch in Deutschland bekannt ist. Sie hatte beim 4. Europäischen-Autismus-Kongress in Den Haag einen Vortrag gehalten, in dem sie behauptete:

*„Autistische Menschen denken in Bildern, und sie lernen am besten, wenn bildhafte Methoden angewandt werden. Mein ganzes Denken ist bildhaft. Ich denke fast nicht über die Sprache."*

Ich begann darüber nachzudenken, wie ich gelernt hatte und wie es dazu gekommen war, dass ich offensichtlich denken konnte. Beim Stöbern in alten Aufzeichnungen stieß ich auf folgenden kleinen Text von 1997:

*„Mein Denken ist von der Sprache bestimmt.*

*Ich denke, indem ich in meinem Kopf rede.*

*Als ich Sprache noch nicht richtig verstehen konnte, konnte ich noch nicht differenziert denken.*

*Die Sprachförderung hat mir das Denken ermöglicht.*

*Ich denke nicht in Bildern.*

*Ich habe lange darüber nachgedacht und bin nun ganz sicher."*

(3.12.1997)

Ich grenze mich deutlich von Temple Grandin ab, von der ich nun das Buch „Ich bin die Anthropologin auf dem Mars" gelesen hatte. In diesem Buch relativierte sie ihre in Den Haag vertretene Meinung, dass autistische Menschen in Bildern denken.

Sie schreibt:

*„Es denken jedoch nicht alle autistischen Menschen ausgeprägt bildhaft und sie verarbeiten die Informationen auch nicht alle auf diese Art. Die Visualisierungsfähigkeiten der Menschen reichen von der Nichtexistenz bildlicher Vorstellungen über allgemeine und halbspezifische bis zu – wie in meinem Fall – sehr spezifischen Bildern"* Grandin, Ich bin die Anthropologin auf dem Mars", S. 31).

Aber auch ich, der behauptet, dass sein Denken von der Sprache bestimmt wird, benutze Bilder, wenn ich etwas anschaulich darstellen will. Ich benutze gern Sprachbilder und verstehe Metaphern in den Texten anderer Autoren.

Ich habe keine Probleme, abstrakte Sachverhalte zu begreifen. Wenn Temple Grandin das Wort Frieden stets mit einem Bild wie Friedenstaube oder Friedenspfeife (S. 37) zusammen denkt, ist mir das absolut fremd. Ich habe aber auch Bilder im Kopf, das sind Phantasien oder Eindrücke von etwas, das ich gesehen habe. Ich habe viele visuelle Eindrücke während unserer Reisen gespeichert. Ich brauche darum keine Fotos.

Interessant finde ich, was Susanne Niess über ihre Art zu denken mitteilt. Ihre Art zu denken ist überwiegend akustisch bestimmt. Sie hört, was sie denkt:

*"Einerseits kann ich so gut wie gar nicht visuell denken, sondern meine Art zu denken ist weitgehend akustisch: Ich höre das, was ich denken will, als gesprochene Sprache, und ich kann auch nur lesen, indem ich mir das, was ich lese, im Kopf vorlese, also in innerlich gesprochene Sprache verwandle"* (Susanne Niess, April 1997, zit. in: Hrsg. Autismus Stuttgart e.V., Autistische Menschen verstehen lernen I, S. 33).

Ich habe mal geschrieben, dass sich meine Denkfähigkeit parallel zum Sprachverständnis ausgebildet hat. Ein intensives Sprachtraining fördert zweifellos die Denkfähigkeit. Wenn ein Kind lernt, dass es mit unterschiedlichen Nebensätzen ausdrücken kann, was z.B. Ursache oder Folge von etwas ist, dann hat das Konsequenzen für die Denkfähigkeit.

Die wenigen Beispiele, die ich angeführt habe, sollen darauf hinweisen, dass es auf die Frage, wie Kinder mit ASS denken, nicht nur eine Antwort geben kann

## Zu meiner persönlichen Schul- und Lerngeschichte

Mich hat schon immer interessiert, wie andere Menschen mit Autismus denken, denn ich war mir früh bewusst, dass das, was ich darüber gedacht und geschrieben hatte, nicht allgemeingültig sein kann.

Die Frage nach dem Denkvermögen und dem Intelligenzpotential hat nicht nur mich, sondern auch meine Mutter beschäftigt. Meine Mutter war es ja, die früh gegen Expertenmeinung feststellte, dass ich in der Lage war zu lernen wie andere Kinder, dass man aber nach Wegen suchen musste, meine Unfähigkeit zur aktiven Sprache auszugleichen. Den ärztlichen Gutachten nach war ich schwer geistig behindert.

In einer ärztlichen Bescheinigung von 1972 heißt es:

*„Es handelt sich um eine schwere geistige Behinderung mit schwersten autistischen Zeichen, basierend auf einer hirnorganischen Schädigung mit Hydrocephalus."*

Es wäre unklug gewesen, die ärztliche Kompetenz in Frage zu stellen. Meine Mutter verhielt sich zurückhaltend, war aber, als die Zeit gekommen war, dass ich hätte eingeschult werden sollen, sicher, dass ich nicht geistig behindert war. Sie bekam Unterstützung von Prof. Friedrich Specht in Göttingen, der für die Schulbehörden schrieb:

*„Autistische Verhaltensweisen bei Funktionsstörungen des Zentralnervensystems nach frühkindlicher Erkrankung an Malaria tropica ohne wesentliche intellektuelle Beeinträchtigungen."*

Specht gab folgende Hinweise und Empfehlungen für den Unterricht:

*„Bis zum weiteren Abbau der Beziehungsstörungen Einzelunterricht auf altersentsprechendem Niveau."*

Meine Mutter unterrichtete mich selbst, obwohl das Schulamt das nicht offiziell anerkennen wollte und einen Sonderschullehrer ins Haus schickte, der zwei Mal in der Woche kam. Glücklicherweise durchschaute dieser Lehrer schnell das Problem und paktierte mit meiner Mutter.

Im Zeugnis über den Sonderunterricht, das der Sonderschullehrer ausstellte, steht:

*„Dietmar vermag Sprachganze aufzufassen und wiederzugeben. Er liest Fremdtexte und schreibt auch. Aber sein Sprechen ist nicht leicht verständlich und die Motorik unbeholfen. Er verfügt über ein weites Allgemeinwissen und ein gutes Gedächtnis. Seine Rechenleistungen liegen über dem Altersdurchschnitt.*

*Unter Bemerkungen heißt es: "Im C-P-M-Test nach Raven erzielte er die Note I. Sein Ergebnis liegt über 95 % der eigenen Altersgruppe."*

Meine Fähigkeiten im Schulalter:

- Umfassendes Sprachverständnis
- Außerordentliche Gedächtnisleistungen (ich speicherte alles, was ich hörte und sah)
- Perfekte Rechtschreibung
- Sicherer Umgang mit deutscher Grammatik
- Englischkenntnisse, die nicht im Schulunterricht erworben wurden
- Schreiben mit der Hand möglich, wenn die Schreibhand stabilisiert wurde
- Malen und Zeichnen bei Stabilisierung von Hand oder Arm
- Beherrschung verschiedener Aufsatzformen: Erlebnisbericht, Sachbericht, Beschreibung, Phantasieerzählung, Verbalisierung von Bildergeschichten.

Alle diese Fähigkeiten waren abrufbar, wenn meine Mutter anwesend war. Ich habe nur gesprochen, wenn ich sicher sein konnte, dass meine Mutter übersetzte, was ich stammelte. Sie verstand mich ohne Probleme. Rückblickend kann ich die Vorbehalte der Lehrer meiner Mutter gegenüber nachvollziehen.

Wie und wo hatte ich gelernt, was ich oben aufgelistet habe? Die intensive Sprachförderung erwähnte ich schon. Darüber gibt es ausführliche Berichte in verschiedenen Veröffentlichungen von mir (vgl. Literaturverzeichnis). Wichtig wurde für mich die Zeit, als meine Mutter ihr Referendariat für das Lehramt an Gymnasien absolvierte. Alle Aufgaben für die Klassen 5 und 6 für das Fach Deutsch probierte sie an mir aus. Vielleicht wurde ich ihr bester Schüler.

**Erfahrungen aus der Schulzeit im biografischen Rückblick**

Referat (gekürzt) in: (2012) H. Sautter, K. Schwarz, R. Trost (Hrsg.) Kinder und Jugendliche mit Autismus-Spektrum-Störung. Neue Wege durch die Schule, Stuttgart.

Ich war ein schwieriger Schüler. Was soll ein Lehrer machen, wenn ein Schüler nicht angemessen reagieren kann. Mimik und Gestik bleiben stumm. Vielleicht reden die Augen, aber diese Sprache kann nicht jeder Lehrer lesen. Ich hätte mein eigener Lehrer nicht sein wollen. Und doch verbarg sich hinter dem starren Gesicht ein reges Innenleben. Wenn ich lachte, war ich oft verzweifelt. Wenn ich jammerte, hatte ich keine Schmerzen. Schmerzen hatte ich nie. Zuweilen bewegten sich meine Arme wie die Flügel eines Vogels, ich konnte es nicht abstellen. Im Schulalter verstand ich alles, auch dummes Lehrergeschwätz hinter vorgehaltener Hand. „Lasst mich in Ruhe!" dachte ich stets und schreckte zurück, wenn ein gutmeinender Lehrer von vorn auf mich zu kam und mich freundlich ansprach. Meine Abwehr galt der von mir wahrgenommenen Übermacht der Person, die in mein Blickfeld trat und groß und größer wurde.

Aber wie und wann lernte ich, was ich gelernt habe? Nicht in der Schule. Einzelunterricht, vor allem bei meiner Mutter, brachte Erfolge bei geringem Zeitaufwand. Ich lernte leicht und schnell. Aber meine Reaktionen ließen nicht immer erkennen, ob ich wirklich etwas gelernt hatte. Ich hasse Wiederholungen und leichte Aufgaben. Immer dasselbe zu tun, war mir ein Gräuel. Was ich lernte, lernte ich für alle Zeiten. Ich musste nichts üben.

Üben musste ich, was andere Schüler lernten, ohne sich anzustrengen. Ich konnte nichts tun, war im Handeln blockiert. Das bin ich bis heute, auch wenn ich manches gelernt habe.

Sagte mal eine Lehrerin abfällig: „Die Schüler habe ich gern, die klassische Musik hören, aber keine Kassette einlegen können." Sie meinte mich. Ich konnte so etwas nicht, und dennoch hörte ich mit Vorliebe Musik von Bach. Manchmal war ich wütend und hätte am liebsten auf die Person eingedroschen, die so unqualifiziert daher geredet hatte. Die üble Nachrede, was meine Mutter anbetraf, machte mir zu schaffen. Meine Mutter war nämlich meine beste Lehrerin, weil sie gespürt hatte, dass ich nicht nach einem Lehrplan unterrichtet werden musste. Es hat früh jemanden gegeben, der das verstand: Professor Specht in Göttingen. Er sagte zu meiner Mutter: „Machen Sie weiter so. Es ist egal, was er lernt, auch Chinesisch kann es sein, Hauptsache er bekommt Futter."

Aber nun der Reihe nach.

Mit 5 Jahren konnte ich ganz gut nachsprechen, aber als ich begann kleine Sätze zu formulieren, wurde offenbar, dass ich zu leise und zu undeutlich sprach. Ich selbst hörte meine eigene Stimme so verzerrt, dass ich erste Versuche, mit Außenstehenden zu reden, schnell wieder aufgab. Ich lernte früh lesen, ohne mich anstrengen zu müssen. Das Schreiben gelang nur, wenn meine Mutter mich anfasste. Aber was ich schrieb, waren meine Einfälle. Ich spürte Mutters Überraschung und entwickelte eine unbändige Lust sie zu verblüffen.

Meine Mutter kämpfte einen einsamen Kampf, nachdem sie gemerkt hatte, dass ich gar nicht intellektuell beeinträchtigt war (…).

Erst mit 10 Jahren besuchte ich nach unserem Umzug von Bielefeld nach Stuttgart eine Schule für Körperbehinderte. Ich war und blieb ein schwieriger Schüler, den man duldete, aber mit dem man eigentlich nichts anfangen konnte. Ich tat nichts und sagte nichts, saß aber dabei und bekam alles mit, was um mich herum passierte.

Ich konnte mein Leben nur aushalten, wenn ich passiv blieb. Sobald ich mich bewegte, gerieten meine Wahrnehmungen so durcheinander, dass ich total hilflos wurde. Niemand verstand meine Probleme, trotzdem wurde ich lange Zeit geduldet, ohne dass man mir vermittelte, ich sei untragbar.

Einen Fernkurs, der auf die Reifeprüfung vorbereitete, hielt ich bis zum Schluss durch, ohne eine Prüfung anzustreben. Ich habe alles gelernt, was man für die Reifeprüfung lernen muss. Ich hätte aber niemals, ohne gestützt zu werden, Prüfungsaufgaben machen können. Mir war es auch nicht wichtig, ein Reifezeugnis zu bekommen. Ich war mir immer bewusst, dass ich außerordentlich schwer behindert bin, dass ich aber durchaus Begabungen habe.

Mein erstes Buch erschien kurze Zeit, bevor ich die Schule verließ.

Ich blieb zu Hause, denn ein Werkstattbesuch hätte mich überfordert. Meine Handlungsstörungen sind so ausgeprägt, dass ich eine ständige Assistenz benötigt hätte.

**Wie ist das mit den spektakulären Fähigkeiten von Menschen mit ASS, über die die Medien berichten?**

Eine Redakteurin vom Fernsehen forderte mich auf, etwas über meine besonderen Gedächtnisleistungen zu schreiben. Ich war wenig motiviert, auf diese Anfrage einzugehen, denn ich ahnte, worauf das hinauslaufen sollte. Mit solchen spektakulären Fähigkeiten, wie sie immer mal wieder im Fernsehen vorgeführt werden, kann ich nicht aufwarten. Ich schrieb zunächst etwas über das Thema ins Tagebuch. Das ist schließlich meine vertraute Methode, mich mit einem Thema zu beschäftigen. Ich schrieb 2008:

Es ist mir peinlich darüber zu berichten, denn es muss wie Angeberei klingen, wenn ich behaupte, dass ich Fähigkeiten habe, um die mich Doktoren und Professoren beneiden. Ich kann in allerkürzester Zeit ein Buch lesen und anschließend eine Buchbesprechung formulieren. In der Regel erfasse ich das Wichtigste sofort. Als zum Beispiel Frau Dr. A. mir ein Buch schickte, für das sie das Vorwort geschrieben hatte, und ich ihr am nächsten Tag eine fertige Rezension mailen konnte, war sie beeindruckt, und ich freute mich über ihre Reaktion, aus der Erstaunen und Bewunderung sprachen. Ich will nicht unbescheiden sein, aber ich finde das auch bewundernswert. Niemand in meiner Familie kann so etwas, und dabei sind alle akademisch gebildet und schreiben gern und viel. Ich weiß nicht, ob ich ein Einzelfall bin, meine aber, es lohne sich zu untersuchen, in welchen Bereichen Autisten herausragende Fähigkeiten haben und wie diese zustande gekommen sind. Etwas mit den Augen aufnehmen können und für alle Zeiten als Bild gespeichert zu haben, macht meine geistigen Leistungen möglich. Ich staune selbst immer wieder, was ich alles gespeichert habe. Es ist keine Hexerei. Ich weiß, dass meine Mutter mit diesen meinen Fähigkeiten Probleme hat bis heute. Sie glaubt es nicht und prüft immer wieder nach, ob es stimmt. Eine besonders fiese Art der Überprüfung ist, wenn sie zu einem Buch, das sie auch gelesen hat, mir Fragen stellt, die mich verunsichern sollen. Sie verdreht dann einfach Handlungsstränge und wartet, ob ich darauf reinfalle. Bis jetzt habe ich alle Prüfungen dieser Art bestanden. So weit die Bekenntnisse eines Menschen, den man für geistig behindert halten könnte, dessen Selbstkontrolle zuweilen zu wünschen übrig lässt.

Aus meinem Antwortbrief an jene Frau vom Fernsehen zitiere ich einige Sätze:

*„Mein Talent bezieht sich auf Geschriebenes, das ich wie Bilder speichern kann. Ganze Bücher sind abrufbar. Ich kann seitenweise wörtlich zitieren. Ich lese ein Buch, indem ich jede Doppelseite mit einem Blick aufnehme und später, wenn ich allein auf meinem Bett liege, noch einmal rekapituliere."*

*„An Zahlen habe ich kein großes Interesse, auch nicht an Kalenderwissen."*

*„Fremde Sprachen, sofern ich sie lese, behalte ich ebenso im Gedächtnis. Gesprochene Sprache behalte ich weniger gut. Meine Fähigkeit beschränkt sich auf die visuelle Wahrnehmung."*

*„Ich bin mir bewusst, dass ich wegen meiner autistischen Behinderung von den außergewöhnlichen Fähigkeiten nichts habe."*

Bleibt nachzutragen: Die Redakteurin vom Fernsehen hat schnell das Interesse an mir verloren. Das war mir Recht.

# 7. Warum es so schwierig ist, nichtsprechende Autisten an der Inklusion teilhaben zu lassen.

Oder: Warum Inklusion für nichtsprechende Autisten ein Traum bleibt.

Als das Wort noch nicht in aller Munde war, habe ich mich über die in meinen Augen abenteuerlichen Ideen lustig gemacht. Ich konnte nach meinen Erfahrungen nicht daran glauben, dass autistische Schulkinder Inklusion erfahren werden. Ich bin immer noch skeptisch, realisiere aber, dass es Menschen gibt, die ihren pädagogischen Auftrag so verstehen, dass auch schwierige autistische Kinder ein Recht darauf haben, dazu zu gehören. Aber wie kann eine Lehrerin Inklusion verwirklichen, wenn das Kind unruhig hin und her läuft, keine Minute auf einem Stuhl sitzen bleibt und nicht reagiert, wenn es angesprochen wird? Was ich bisher über Inklusion geschrieben habe, ist vorläufig und keineswegs abgeschlossen. Ich taste mich langsam vorwärts und versuche konstruktive Ideen einzubringen. Mir ist es wichtig, dass alle, die mit der Problematik befasst sind, begreifen, dass niemand Schuld hat, wenn sich ein autistisches Kind nicht in eine Gruppe einfügt. Es macht mich wütend, wenn ich höre, was Mütter dieser besonderen Kinder zu hören bekommen. Das ist der Schlüssel zur Umsetzung von Inklusion für autistische Kinder: Keine Schuldzuweisungen.

Inklusion ist ein Wort zum Träumen. Paradiesische Zustände für behinderte Menschen. Viele einflussreiche Personen beschäftigen sich in vielen Sitzungen mit dem Thema, wie man die Behindertenkonvention umsetzen soll. Für den Schulbereich wird immer deutlicher, dass zusätzliche Lehrerstellen von Nöten sind. Das kostet Geld. Aber da sind ja auch noch die Flüchtlinge, für die die Kommunen, Länder und der Bund in die Tasche greifen müssen. Im politischen Kontext ist das Problem, das mich umtreibt, klein und wenig bedeutsam. Es geht um Menschen, die eine Diagnose aus dem Autismus-Spektrum bekamen oder darauf warten, dass die Diagnose verlässlich gestellt wird.

Beinahe täglich bekomme ich mit, dass besorgte Mütter, manchmal auch Väter, bei autismus Stuttgart e.V. anrufen. Oft nimmt meine

Mutter, die seit 1979 zu diesem Verband gehört, Anrufe an. Die Anrufer/innen breiten ihre Sorgen aus und wollen zum Beispiel wissen, zu welchem Arzt oder in welche Klinik sie ihren Angehörigen bringen können. Mein außergewöhnliches Hörvermögen (typisch für Menschen mit Autismus) macht es möglich, dass ich Telefongespräche oder auch direkte Gespräche mithöre, auch wenn die Türen verschlossen sind.

1. Beispiel: Eine Mutter ruft an und berichtet, dass der siebenjährige Sohn sich weigert, in die Schule zu gehen. Man hat das Kind in eine kleine, neu eröffnete Sonderklasse für autistische Schulanfänger gesteckt. Er wolle etwas lernen und nicht spielen, sagt der Junge. Er kann schon lesen, rechnen und schreiben, zeigt das aber nicht vor fremden Leuten. Da ich selbst so ein Schüler war, habe ich großes Verständnis für dieses Verhalten: Leider hat sich noch nicht in Deutschland herumgesprochen, was im angelsächsischen Raum schon länger bekannt ist, dass Menschen aus dem Autismus-Spektrum keineswegs geistig behindert, sprich intellektuell beeinträchtigt sind. 70 bis 75 % seien geistig behindert, diese Behauptung geistert noch in vielen Papieren herum. Aus meinem „autistischen" Bekanntenkreis haben alle vor vielen Jahren die Diagnose „geistige Behinderung" bekommen: Auch in meiner Krankenakte liegen solche ärztlichen Bescheinigungen.

2. Beispiel: Der 17-jährige Jugendliche, der schon als Kind auffällig war und vielen Fachleuten vorgestellt wurde, aber nicht die Diagnose Autismus bekam, verweigert sich total, verlässt das Haus nicht mehr und geht seit zwei Jahren nicht in die Schule. Die Mutter hat keine Möglichkeit, den Sohn zum Arzt zu bringen. In einem solchen Fall werden Behörden tätig. Die Mutter hat ein berechtigtes Interesse daran, dass ihr Sohn die richtige Diagnose bekommt; denn ohne Diagnose hat sie keinen Anspruch auf Hilfen, die einem Jugendlichen mit Autismus zustehen. Die Mutter ist kooperativ: Wogegen sie sich wehrt, das ist die Mitteilung, dass ihr Sohn von der Polizei abgeholt werden soll, um ihn in eine Klinik zu bringen. „Kann ihn nicht ein Ambulanzwagen abholen?" höre ich die empörte Mutter sagen.

Denkt denn niemand an die Gefühle eines 17-jährigen, der sich aufgegeben hat? Ach, da ist ja immer noch das Vorurteil, dass Menschen mit Autismus keine Gefühle haben. Heute könnte man wissen, dass es sich um ein „Ammenmärchen" handelt. Man müsste die

Bücher lesen, die Autoren aus dem Autismus-Spektrum geschrieben haben. Tiefe Empfindungen und eine differenzierte Selbstreflexion sind möglich. Der Rückzug eines pubertierenden Jugendlichen drückt tiefe Verzweiflung aus.

### Inklusion – ja oder nein?

Anlass zu den folgenden Überlegungen ist ein Brief, den mir eine Referendarin über das Kontaktformular meiner Homepage zukommen ließ. Sie hatte in einem meiner Beiträge auf der Homepage gelesen, dass ich mir „ein individuell angepasstes Lernangebot für Menschen mit Autismus" vorstelle. Die junge Frau will von mir wissen, ob ich total gegen Inklusion sei oder ob ich auch „Verwirklichungsvorschläge" machen könne.

Ich muss klar stellen, dass es nach meiner Meinung kein Ja oder Nein bei diesem schwierigen Thema geben kann. Ich glaube aber, dass sich Inklusion für autistische Schülerinnen und Schüler nur in Ansätzen oder gar nicht verwirklichen lässt. Autismus kommt in sehr unterschiedlichen Ausprägungen vor. Ich beschäftige mich mit der Form von Autismus, die dadurch gekennzeichnet ist, dass keine Sprache erworben wird, so dass auch im Schulalter eine Leistungskontrolle über die Sprache nur möglich ist, wenn die Schüler/innen schreiben lernen. In der Vergangenheit wurde diese Gruppe stets für geistig behindert gehalten und darum in die Schule für Geistigbehinderte eingeschult. Ich selbst wurde im Vorschulalter für geistig behindert gehalten. So steht es in alten ärztlichen Gutachten. Von meinen Freunden mit ähnlicher Problematik weiß ich, dass ähnliche Gutachten existieren.

Ich selbst hatte das Glück, dass meine Mutter mein intellektuelles Potential früh erkannt hat und mir passende Lernangebote machte. Ein Freund von mir, der später das Abitur schaffte, wurde aus der Schule für Geistigbehinderte geholt, nachdem seine Mutter und eine Lehrerin sicher waren, dass er zwar beim Schreiben gestützt werden musste, aber normal intelligent war. Ich habe erwachsene Menschen kennen gelernt, die, nachdem sie über das gestützte Schreiben sich äußern konnten, offenbarten, dass sie sich viel Wissen angeeignet hatten, obwohl sie Unterricht in den Kulturtechniken gar nicht oder nur in Ansätzen angeboten bekamen. Ob solchen Schüler(n)/Schülerinnen in einer

Inklusionsklasse hätte geholfen werden können? Vielleicht schon. Sie hätten gelernt, was den anderen Schüler(n)/ Schülerinnen angeboten wurde. Vielleicht wäre passiert, was eine Freundin von mir einmal gestützt schrieb: „Ich konnte rechnen, und keiner hat es gemerkt."

Viele Schüler und Schülerinnen mit Autismus-Spektrum-Störung (ASS) halten es in einer normal großen Klasse nicht mehrere Stunden aus. Sie haben Probleme mit dem Ausfiltern dessen, was sie wahrnehmen, d.h. sie nehmen nicht nur die relevanten Reize auf, sondern alles, was sie sehen, hören und riechen. Besonders problematisch sind unübersichtliche Pausensituationen oder Phasen der Gruppenarbeit oder Freiarbeit. Schüler/innen mit ASS brauchen ein strukturiertes Lernangebot. Sie können sich in der Regel in einem Gruppenprozess nicht einbringen.

Ich bin nicht gegen Inklusion. Für mich wäre es eine anzustrebende Inklusion gewesen, wenn ich als Gastschüler den Unterricht in einer Oberstufe hätte mitmachen dürfen, ohne zur Leistungskontrolle gezwungen zu werden. Es war für mich immer ein Highlight, wenn mich meine Mutter in ihre Oberstufenkurse mitgenommen hat. Da habe ich erlebt, dass mir viel vorenthalten wurde. Es ist verständlich, dass ich Menschen mit Autismus, die nicht sprechen können, immer daraufhin angucke, ob sie wirklich geistig behindert sind – oder ob ihre geistigen Möglichkeiten unterschätzt werden. Ich sage aus eigener Erfahrung: Unterforderung ist schlimmer als Überforderung.

Leider hat die einseitig geführte Diskussion um die Gestützte Kommunikation (FC) dazu geführt, dass nach meiner Einschätzung wieder etliche Schüler/innen mit Autismus-Spektrum-Störung in ihrem Lernpotential unterschätzt werden. Was ist so schlimm daran, wenn der Schüler/ die Schülerin zuerst beim Schreiben gestützt werden muss? Manche müssen ein Leben lang jemanden haben, der oder die sie beim Schreiben und vielen anderen Tätigkeiten stützt. Das zu tolerieren wäre Inklusion, wie ich sie mir für Menschen mit ASS wünschen würde.

### Integration oder Inklusion?

Autistische Schüler und Schülerinnen sind in bestehende Schulformen schwer zu integrieren. Das ist schon lange bekannt. Nun wird in der UN Konvention, die Deutschland unterzeichnet hat, von Inklusion gesprochen. Zweifel sind angebracht.

Da haben wir mal wieder ein Modewort mit „I": Inklusion. Behinderte Menschen, die man wohlmeinend in Sondereinrichtungen eingegliedert hatte, sollen leben wie alle anderen auch, einbezogen in normale Lebensbezüge. Gleiche Rechte, gleiche Wertschätzung, gleiche Anerkennung. Sie sollen nicht mehr als Almosenempfänger gesehen werden.

Welche Konsequenzen ergeben sich für die Beschulung behinderter Kinder mit autistischem Verhalten?

Gab es nicht die Forderung nach Integration?

Man möchte behinderte Schüler/innen in Regelschulen integrieren. Diese Bemühungen reichen weit zurück. In Einzelfällen schien das sogar zu klappen, wenn man die Tatsache, dass ein Regelschulabschluss erreicht wurde, als gelungene Integration wertet. Integration heißt aber, Teil werden eines Ganzen mit allen Rechten und Pflichten. Nun brauchen aber manche behinderte Schüler/innen einen Nachteilsausgleich bei Prüfungen, oder gar einen Integrationshelfer/in, d. h. sie müssen von einer Person, die nicht zur Klasse gehört, in die Schulstunden begleitet werden. Manche müssen beim Schreiben gestützt werden. Ohne physischen Kontakt läuft nichts. Wie integriert man einen Integrationshelfer in die Gruppe? Gruppenprozesse können empfindlich gestört werden durch so einen Integrationshelfer.

Und nun will man sogar Inklusion, so fordert es die UN-Konvention, die auch Deutschland unterzeichnet hat. Inklusion bedeutet, dass der behinderte Mensch keine Sonderstellung mehr inne hat. Er fällt sozusagen gar nicht mehr auf. Es ist normal, anders zu sein.

Ich als Betroffener mit einer ungewöhnlichen Schulkarriere muss bekennen: Mich hätte man weder in bestehende Schulsysteme integrieren, noch inkludieren können. Meine Lehrerin war meine Mutter. Sie war es, die mein Recht auf Bildung eingelöst hat. Auch wenn Lehrer und Mitschüler über meine Besonderheiten informiert worden wären, hätte eine Integration oder Inklusion scheitern müssen.

Wenn sich jemand weder durch Sprache, noch durch Mimik und Gestik verständlich machen kann, haben die Menschen um ihn herum nur geringe Chancen, etwas für ihn zu tun. Sie können sich sehr bemühen und guten Willens sein, so einen Schüler/ Schülerin in ihre Gemeinschaft aufzunehmen, aber sie werden scheitern, und das liegt nicht an ihnen, sondern an der armen Person, die nicht reagieren kann, wie andere Menschen reagieren. Sehe ich das zu pessimistisch?

Ich möchte dazu anregen, für Schüler mit autistischem Verhalten nach Lernorten außerhalb gängiger Schulformen zu suchen. Kürzlich hörte ich davon, dass sich zwei Schüler in den Räumen einer Sonderschule mit dem Material eines Fernkurses auf einen Schulabschluss vorbereiten. So eine Lösung würde ich manchem Schüler mit autistischem Verhalten wünschen.

Ob das nun Integration oder Inklusion genannt werden kann, erscheint mit zweitrangig.

Nach Schätzungen der Vereinten Nationen ist weltweit eines von 150 Kindern von Autismus betroffen. Als Autismus wird eine lebenslange tiefgreifende Entwicklungsstörung bezeichnet, die in den ersten Lebensjahren beginnt. Eine vollständige Heilung ist nicht möglich, doch je früher Autismus festgestellt wird, desto besser sind die Behandlungsmöglichkeiten. Um die Öffentlichkeit stärker für die Wahrnehmung autistischer Störungen zu sensibilisieren, haben die Vereinten Nationen den 2. April eines jeden Jahres zum Welt-Autismus-Tag erklärt.

## 8. Am Weltautismustag (2. April) sollen viele Menschen erfahren, was Autismus ist

Ist es notwendig, einen Weltautismustag zu begehen? Ist es nicht nur eine verschwindend kleine Gruppe, die mit dem Begriff Autismus in Verbindung gebracht werden muss? Nein, das stimmt nicht. Die alten Zahlen, die davon ausgingen, dass auf 10000 Personen 4-5 Menschen mit Autismus kommen, gelten nicht mehr. Die UN gehen davon aus, dass weltweit jedes 150. Kind von Autismus betroffen ist.

Eine Untersuchung in Baden-Württemberg (Prof. Trost und Dr. Sautter) kommt zu dem Ergebnis, dass es doppelt so viele Schüler mit einer Diagnose aus dem Autismus-Spektrum wie blinde Schüler, und genauso viele autistische wie hörgeschädigte Schüler gibt. Für Blinde und Hörgeschädigte wurden schon vor langer Zeit Schulen und Werkstätten geschaffen, die die spezifische Behinderung berücksichtigen. Von autistischen Schülern erwartet man, dass sie in Strukturen funktionieren, die für andere Personenkreise geschaffen wurden. Wer weiß schon, wie anders autistische Menschen ihre Sinneswahrnehmungen verarbeiten? Sie hören anders, sie sehen anders, und ihr Körper ist ihnen oft fremd.

Autismus hat viele Gesichter, und hinter den meisten Gesichtern verbergen sich keine sensationellen Fähigkeiten, so dass man über sie im Fernsehen berichten möchte. Man spricht heute von einer Autismus-Spektrum-Störung und bringt damit zum Ausdruck, dass es eine ganze Palette von autistischen Störungen gibt.

Von den Menschen mit autistischem Verhalten, die nicht sprechen können, sollte mehr die Rede sein, vor allen Dingen von den Kindern, von deren Frühförderung viel abhängt. Es braucht viel Zeit, Geduld und Kraft, um einem autistischen Kind mit mannigfachen Problemen bei der Reizverarbeitung helfen zu können. Die Familien können das gar nicht allein leisten. Wenn aber eine gezielte frühe Förderung ausbleibt, verharren die Kinder in einem Wahrnehmungschaos, sind blockiert und können ihr Potential nicht entfalten.

Die oft beschriebenen Aggressionen, Autoaggressionen, Wutanfälle, Stereotypien und Schreiattacken können etwas damit zu tun haben, dass die Kinder etwas wahrnehmen, was gesunde Menschen gar nicht nachvollziehen können. Jemand hat Augen, die sehen, an denen nichts auffällig ist, muss aber vor Schreck schreien, weil er etwas Bedrohliches sieht. Menschen und Gegenstände verändern sich, für ihn werden sie bedrohlich. Die visuellen Reize werden im Gehirn nicht richtig verarbeitet.

Oder stellen Sie sich vor, dass jemand plötzlich sein Bein nicht finden kann. Er sieht es, aber kann es nicht spüren. Ein anderes Kind erschrickt zu Tode, wenn es berührt wird. Was das Kind dabei erlebt, weiß niemand so genau. Über ihre Wahrnehmungsstörungen haben in den letzten Jahren vermehrt autistische Menschen berichtet, die sprechen oder schreiben können. Aufklärung tut Not. Und darum soll am Weltautismustag auf die besonderen Probleme der autistischen Menschen aufmerksam gemacht werden.

„Alle sollen wissen, dass Autisten nicht Idioten sind."

Das ist ein Satz, den der 47-jährige Johannes tippte, während ihn jemand am Arm stützte. Was hat Johannes erlebt, dass er den Begriff „Idiot" benutzt? Wer hat ihm dieses Wort beigebracht? Auf jeden Fall möchte Johannes Menschen belehren, sie zum Umdenken auffordern. Er hat offensichtlich über sich und über die Menschen, die auf ihn reagieren, nachgedacht. Und er hat ein Wir-Gefühl entwickelt. Offensichtlich kennt er noch andere Autisten. Er kennt auch mich. Ich stelle mir vor, dass Johannes ähnliche Erlebnisse hatte wie ich. Menschen ohne persönliche Erfahrungen drücken nonverbal, manchmal verbal, aus, dass sie mir nicht zutrauen, dass ich alles verstehe. Das ist wirklich ein Problem für mich. "Versteht der denn das?" wurde mein Vater gefragt, als er das Auto zur Werkstatt brachte. Der Chef hatte mich in der Kirche gesehen. Und eine Gastpredigerin in unserer Kirche vermutete, als wir uns verabschiedeten, ihre Predigt sei wohl für mich zu schwer gewesen. Nicht sprechen zu können heißt nicht in jedem Fall, keine Sprache erworben zu haben. Ich besitze ein uraltes T-Shirt, das mir jemand aus Amerika mitgebracht hat, mit der Aufschrift: "Not being able to speak is not the same as not having anything to say" (Nicht sprechen zu können ist nicht dasselbe wie nichts zu sagen zu haben). Ich trage das T-Shirt, wenn wir mit einer Reisegruppe unterwegs sind, am ersten Tag. So werden wenigstens meine Eltern angesprochen. Ich werde selten angesprochen, auch dann nicht, wenn meine Eltern jedem, der es hören wollte, erzählt haben, dass ich alles verstehe, und vielleicht dezent darauf hingewiesen haben, dass ich Bücher veröffentlicht habe. Nun, böse bin ich niemandem deswegen. Das unsichere Verhalten meiner Mitmenschen hilft mir realistisch einzuschätzen, wie ich auf andere wirke.

## Materialien für Gottesdienste anlässlich des Weltautismustages

Was denken die Leute über mich? Das habe ich mich oft gefragt, wenn ich in Stetten den Gottesdienst besucht hatte. Ich bin ja kein Unbekannter in meiner Kirchengemeinde, in der ich auch konfirmiert wurde. Das Konfirmationsfoto meines Jahrgangs habe ich verdorben, weil ich fliehen wollte, so dass der Pfarrer mich festhalten musste. „Der verdirbt das Foto", hat damals eine Frau gesagt, die weit genug von mir entfernt stand, so dass sie annehmen musste, dass ich die Bemerkung nicht höre. Es gehört zu meiner Behinderung, dass ich alles viele Male verstärkt höre und manche Töne gar als Schmerzen wahrnehme. Wenn die Kirchentür offen ist und die Glocken läuten, würde ich am liebsten aufstehen und weglaufen. Auch verkrafte ich es schwer, wenn Kinder unruhig sind oder weinen. Was ist das für eine merkwürdige Behinderung? werden Sie sich fragen. Es ist eine Form von Autismus. Man spricht heute von einer Autismus-Spektrum-Störung und bringt damit zum Ausdruck, dass es Autismus in vielen Ausprägungen gibt. Ich habe Probleme in allen Sinnesbereichen. Die Sinneswahrnehmungen werden in meinem Gehirn nicht so verarbeitet wie bei „gesunden" Menschen. Wenn sich z. B. jemand direkt auf mich zu bewegt, sehe ich ihn verzerrt und riesengroß. Dann weiche ich zurück, und jeder denkt: Der will nichts mit mir zu tun haben. Das menschliche Gesicht sehe ich verschwommen oder verzerrt. Jede Bewegung des Gesichts irritiert mich. Darum schaue ich weg. Erst wenn mir jemand sehr vertraut ist, kann ich ihn anschauen. Mein Körper ist mir oft fremd, ich kann mich nicht daran orientieren. Manchmal spüre ich meine Beine nicht und werde deswegen ganz unruhig. Die Wahrnehmungsstörungen (eigentlich handelt es sich um Wahrnehmungsverarbeitungsstörungen) machen mich hilflos und darum halte ich mich stets an Vater oder Mutter fest. Mein Verstand arbeitet aber sehr gut. Ich kann denken,

Sprache verstehen und ich kann recht gut formulieren, d. h. ich kann Texte verfassen, die auch schon veröffentlicht wurden. Sprechen kann ich nur in vertrauter Umgebung, und auch dort nur undeutlich.

Man muss sich vorstellen, dass ich viel zu viel nachdenken muss, wie ich die Laute bilden muss. Mein Leben ist so anstrengend, weil nichts automatisch abläuft. Stellen sie sich vor, Sie müssten bei jeder Bewegung, die Sie machen wollen, vorher überlegen, welcher Körperteil nun gerade aktiviert werden muss. Ich brauche viel Unterstützung. Wenn man mich anfasst, kann ich vieles tun, aber es geht nicht allein.

Egal, was die Leute, die mich im Gottesdienst sehen, über mich denken: Ich möchte zur Gemeinde gehören.

Und so bleibe ich ein Buch mit sieben Siegeln – auch in der Kirchengemeinde.

Es hat in meinem Leben Zeiten gegeben, da bin ich regelmäßig beim Sonntagsfrühstück ausgeflippt und habe damit den Sonntagsfrieden empfindlich gestört. Keiner konnte erklären, was los war, denn ich sprach nicht. Schreien und Toben – das waren meine hilflosen Antworten. Nun, da ich erwachsen bin, kann ich mein Verhalten von damals erklären:

Sonntags saß die ganze Familie in der in meinen Augen etwas engen Essecke am runden Tisch. Alle redeten viel zu laut und durcheinander. Heute weiß ich, dass ich alles viel lauter höre als andere Menschen. Ich weiß auch, dass ich unter einer Filterschwäche leide. Ich höre alles, Wichtiges und Nebensächliches, in gleicher Lautstärke, werde überschwemmt von akustischen Signalen. Und was das Sehen anbetrifft, ist es nicht anders. Mein Gehirn setzt keine Prioritäten. Da waren meine Brüder. Sie saßen nicht etwa ruhig da. Sie bewegten sich. Gegenstände wurden hochgenommen und wieder abgestellt. Die Bewegungen nahm ich wie Schatten wahr. Ich hielt es nicht aus, sprang auf, schrie und rannte raus.

Seit vielen Jahren besuche ich mit meinen Eltern den Gottesdienst. Ich habe meinen Stammplatz in der Nähe der Tür, so dass ich notfalls flüchten kann; denn die alten Probleme aus der Kindheit sind keineswegs überwunden. Wenn die Tür etwas zu lange offen steht, während die Glocken einen Krach machen, als wären sie Presslufthämmer, muss ich alle Kraft zusammennehmen, um sitzen bleiben zu können. Aber dann setzt die Orgelmusik ein, ich lehne mich zurück und werde ganz andächtig. Ich liebe den ganz normalen Gottesdienstablauf ohne viel Firlefanz. Anspiele und theatralische Einschübe brauche ich nicht. Mir reicht die Musik und die Wortverkündigung. Da bin ich ganz aufmerksam, und meist nehme ich ein aufbauendes Wort mit nach Hause. Ich höre nach wie vor gern, dass ich ein vollwertiges Geschöpf Gottes bin, und ich richte mich nach dem aus, was Jesus vorgelebt hat. Jesus ist für mich die beeindruckendste Persönlichkeit der Weltgeschichte gewesen.

Der Gottesdienst am Sonntag ist für mich ein Ritual, auf das ich nicht verzichten möchte. Eins fehlt mir aber: die Einbindung in die Gemeinde. Das aber ist mein persönliches Problem. Mein Verhalten, das ich nicht gut steuern kann, legt es nahe anzunehmen, dass ich mich bewusst ausschließe. Das stimmt aber nicht. Niemand kann sich vorstellen, wie schwer es für mich ist, mit meinem Körper auszudrücken, was ich empfinde. Und so bleibe ich ein Buch mit sieben Siegeln, es sei denn, dass Gemeindeglieder sich aufmachen und lesen, was ich geschrieben habe. Ich lade Sie ein, mich auf meiner Homepage zu besuchen: www.dietmarzoeller.de.tl.

Kann ein Autist am Abendmahl teilnehmen? Ja, er kann. Er ist eingeladen wie jedes andere Gemeindeglied. Aber wenn die Barrieren nicht wären! Man muss nach vorn kommen, entweder im Kreis stehen oder sich in eine lange Schlange einreihen. Man wird angeschaut. Die Blicke saugen sich an mir fest. Die Schlange bewegt sich langsam. Ich sehe die Leute vor und neben mir wie Geister, denn alles was sich bewegt, kann mein Gehirn nicht richtig verarbeiten, das Wahrgenommene bleibt verschwommen. Ich soll nun alles richtig machen: die Hostie nehmen und in den Mund stecken, manchmal in den Traubensaft eintunken. Ahnt irgendeiner, wie schwierig das alles für mich ist; denn ich muss alles, was ich tue, mit dem Verstand machen. Kaum eine Bewegung läuft automatisch. Und die Augen sind wahre Bildverzerrer. Kommt, wenn wir im Kreis stehen, der Pfarrer von vorn auf mich zu, schrecke ich zunächst zurück, denn ich erlebe das so, als falle der Pfarrer samt Kelch auf mich drauf. Ich sehe die Person riesengroß, muss wieder meinen Verstand bemühen und mir sagen, dass mein Bild ein Trugbild ist. Und wo bleibt Christus? Bei all den Mühen ist er mir abhanden gekommen. Ich mache das nicht mehr mit, bleibe sitzen in Andacht, aber etwas traurig bin ich schon.

**Gebet am Weltautismustag**

Lieber Vater im Himmel,

Menschen wie mich gibt es auf der ganzen Welt. Darum gibt es einen Weltautismustag am 2. April.

Wir beten heute für die Menschen, die wegen ihres autistischen Verhaltens ausgegrenzt werden, und wir beten für ihre Familien.

Wir Autisten sind Deine Geschöpfe, und mit Deinem Einverständnis sind wir so, wie wir sind, nämlich in besonderer Weise einsam und oft unglücklich, weil wir nicht funktionieren, wie die Umwelt es erwartet. Autistische Verhaltensstörungen nerven entsetzlich und die, die damit umgehen müssen, brauchen Nerven wie Draht. Herr, gib uns täglich Kraft, dieses mühsame Leben zu leben und vergib uns, wenn wir immer wieder die Frage stellen, warum wir so leben müssen.

Wozu bin ich auf der Welt? Zeig mir den Sinn, wenn ich ihn nicht finden kann. Hilf meinem Unglauben und lass mich Sinn erfahren, wo meine Mitmenschen keinen Sinn erkennen.

Öffne mir die Augen für das Leiden anderer Menschen und bewahre mich vor dem Hochmut, als sei meine autistische Behinderung etwas Besonderes.

Ich bitte für die Familien, die wegen der großen Belastung auseinander gebrochen sind oder auseinanderzubrechen drohen. Du, Herr, kannst Schuld vergeben und Neuanfänge stärken.

Vater im Himmel, lass es nicht mehr zu, dass autistischen Kindern Lernangebote vorenthalten werden, weil sie sich wie intellektuell Beeinträchtigte verhalten.

Gib uns Menschen, die sich für unsere Behinderung interessieren, Menschen, die sich für uns einsetzen in Gesellschaft und Politik.

Stärke uns, damit wir die Angst vor der Zukunft bei Dir ablegen können. Stärke uns in unserer Hilflosigkeit und Angst. Du hast uns gewollt und wir vertrauen, dass Du unser Leben bis zum Ende schützt und uns einen gnädigen Tod bescherst. Amen.

### Für dieses komplizierte Leben bin ich nur unzureichend ausgerüstet

Es beginnt bei der Körper- und Wäschepflege. Man mache sich klar, was man alles gleichzeitig oder nacheinander tun muss. Eigentlich muss es heißen, was Teile des Körpers tun müssen, um erfolgreich zu sein. Ich muss meinen Körper gut spüren können, muss jederzeit spüren, wo meine Körperteile gerade positioniert sind. Das macht schon Schwierigkeiten. Vor einigen Jahren schrieb ich: „Aber den Körper willentlich dirigieren zu können, ist eine Sache, die andere ist, eine Handlung durchzuziehen. Dabei muss man die Aufmerksamkeit immer in anderen Funktionsbereichen haben, und da liegt das Problem. Ich bin nicht wendig genug, um vom Sehen zum Tun zu kommen. Es fehlt die Koordination" (2008). Ich darf nicht vergessen, was das Ergebnis meines Tuns sein soll. Aber ich sehe und höre viel, was mich ablenkt. Und dabei sollte ich mich konzentrieren. Ich muss ja alles denken, bevor ich es tun kann. Von allein geht wenig. Keine Routinen. Mache alles, als wäre es das erste Mal. Hausarbeit ist außerordentlich vielseitig und kompliziert. Die Orientierung im Raum kommt als Problem hinzu. Ich sollte mit meiner Aufmerksamkeit an mehreren Stellen gleichzeitig sein.

Für dieses komplizierte Leben bin ich nur unzureichend ausgerüstet. Darum seid nachsichtig mit mir und gebt mir die Hilfestellungen, die ich brauche, um zurechtkommen zu können.

### Interview für die Stuttgarter Nachrichten (2014, aus Anlass des Weltautismustages)

Herr Zöller, Autismus hat viele Gesichter. Ihnen fällt schwer mit Menschen zu reden, Sie schreiben lieber und haben inzwischen zehn Bücher veröffentlicht. Ist das Verständnis für Menschen mit Autismus gestiegen?

*Lieber würde ich reden. Der Titel meines ersten Buches „Wenn ich mit euch reden könnte" (1989 erschienen), gibt immer noch treffend* meine Situation wieder. Wie gern würde ich mich mit Menschen, die etwas zu sagen haben, unterhalten, so wie ich mich mit meiner Mutter unterhalte. Sie versteht jedes Wort und jeden Satz, der meinen gefühllosen Mund verlässt. Das Schreiben ist für mich wichtig geworden, seit ich die Möglichkeit habe, meine Gedanken und Gefühle schreibend zu strukturieren. „Schreiben ist eine gute Medizin." Als ich diesen Satz für mein letztes Buch, erschienen 2013, als Titel festlegte, stand ich unter dem Eindruck, dass mir kein Medikament mehr helfen kann. Alle Psychopharmaka, die mir geholfen hatten, einigermaßen mit meinem schweren Leben zurechtzukommen, haben ihre gute Wirkung aufgegeben und haben Nebenwirkungen produziert, die schlimmer sind als die autistische Symptomatik. Schreiben ist eine Notlösung, wenn man nicht sprechen kann, aber Schreiben ermöglicht Kommunikation. Schreiben macht Selbstreflexion möglich. Schreiben kann wie eine gute Medizin heilende Kräfte in Gang setzen.

Ob die Menschen heute mehr Verständnis für die Autismusproblematik aufbringen als früher, weiß ich nicht. Es gibt Menschen, die finden mich interessant, aber sie scheuen sich, mir näher zu kommen. Die Menschen mit Autismus, die ich kenne, erleben Einsamkeit und Isolation in hohem Maße. Ich persönlich laste das aber nicht meinen Mitmenschen an. Ich lernte viele Menschen kennen, die mir zugetan waren, die sich zurückzogen, weil ich nicht angemessen reagieren konnte.

Viele Menschen verbinden mit Autismus mangelnde Intelligenz. Wie lassen sich Vorurteile überwinden?

*Dass man mich, als ich im Vorschulalter war, für geistig behindert hielt, kann man in alten ärztlichen Gutachten nachlesen. Meine Mutter hat das nicht geglaubt und hat Recht behalten. Sie hat mich angeblich überfordert, soll mich unter Druck gesetzt haben. Mein Glück. Ich durfte lernen, was meine älteren Brüder lernten, obwohl ich von einer Regelschule nur träumen konnte. Ich habe großes Mitleid mit den Autisten, die kein anspruchsvolles Bildungsangebot bekommen oder bekommen haben. Wie soll jemand seine Intelligenz entfalten, wenn es zu wenig Futter gibt.*

Je früher die Störung erkannt wird, desto besser können betroffene Kinder gefördert werden. Was hilft ihnen, was verschlimmert ihre Situation?

*Man muss den Kindern helfen, so früh wie möglich die chaotischen Sinneserfahrungen zu ordnen. Auch Kinder, die nicht sprechen, lernen denken, wenn ihr Erleben sprachlich begleitet wird.*

In der Debatte um gemeinsamen Unterricht von Kindern mit und ohne Handicaps gibt es bei Lehrern und Eltern viele Ängste. Welche Voraussetzungen sind nötig, damit Inklusion gelingt?

*Nach meinen eigenen Schulerfahrungen kann ich mir Inklusion nur so vorstellen, dass die autistischen Schüler/innen als Einzelpersönlichkeiten mit störendem Verhalten wahrgenommen und toleriert werden. Niemand nimmt sich vor zu stören, es passiert und die Betroffenen sind unglücklich, wenn es passiert ist. In großen Klassen kann Inklusion auch beim besten Lehrer nicht gelingen.*

Welche Qualifizierung brauchen Erzieher und Lehrer?

*Erzieher/innen und Lehrer/innen sollen über so etwas wie Herzensbildung verfügen. Das aber hat man, oder man hat es nicht. Wer die Menschen nicht mag, nichts Liebenswertes an ihnen entdecken kann, soll sich einer solchen Herausforderung nicht stellen.*

Viele Erwachsene mit einer Autismus-Spektrum-Störung fassen schwer Fuß in der Berufswelt. Woran scheitert das?

*Da gibt es zwei mögliche Gründe: Die Menschen sind im Umgang mit Arbeitskollegen ungeschickt, können sich oft den Chefs gegenüber nicht gut verkaufen.*

*Menschen wie ich haben auf dem Arbeitsmarkt keine Chance, weil die Handlungsstörungen zu groß sind. Wer jede Tätigkeit bewusst ausführen muss, weil er keine Routinen entwickelt hat, steht einen Arbeitstag nicht durch.*

Wie wirkte sich die Ankündigung des Software-Herstellers SAP aus, Betroffene einzustellen, weil sie sich auf bestimmte Aufgaben besonders gut konzentrieren können?

*Die letzte Frage ist für mich persönlich ohne Belang. Meine Reaktion: Wie schön, dass wenigstens einigen geholfen werden kann.*

## 9. Als Autist mit Lebenserfahrung berate ich gern andere Autisten und ihre Bezugspersonen

*Warum ich 2014 und 2015 verstärkt darüber nachgedacht habe, was ich im Vorschul- und Schulalter erlebt und erlitten habe, hatte verschiedene Gründe. Immer wieder bekam ich mit, dass meine Mutter um Rat gefragt wurde, weil junge Mütter und manchmal Erzieherinnen im Kindergarten oder Lehrerinnen unsicher waren, wie sie mit einem schwierigen autistischen Kind umgehen sollen. Es gab aber auch Schreibaufträge, die mich zwangen, vertieft darüber nachzudenken, wie ich gelernt habe, was die Gründe waren, warum ich scheiterte und wie ich mit mannigfachen Verletzungen umging.*

### Meine Überlegungen zum Umgang mit autistischen Kindern in Kindergarten und Schule.

Besondere Aufmerksamkeit brauchen die Schüler und Schülerinnen, die nicht sprachlich kommunizieren können. Da dieses Handicap oft mit einer ausgeprägten Unfähigkeit einhergeht, in Motorik umzusetzen, was gedacht wird, ist ein Versagen bei Tests vorprogrammiert. Hinzu kommt, dass eine nicht vertraute Testperson das Kind mit mannigfachen Reizen überschwemmt (Bewegungen, Mimik, Gestik, Intonation der Stimme, Geruch). Was das Kind ungefiltert hört, sieht und riecht, kann oft nicht geordnet werden. Damit ist es unmöglich, sich auf eine Aufgabe zu konzentrieren. Wenn ich an meine eigenen Lernmöglichkeiten im Vorschulalter und auch noch im Schulalter denke, wird mir klar, warum ich bei meiner Mutter Fähigkeiten zeigte, die keine außenstehende Person aus mir herauslocken konnte. Meine Mutter war mir vertraut geworden. Alle Reize, die von ihr ausgingen, konnte ich irgendwann sortieren und zuordnen. Komischerweise merken die, die ein Kind testen sollen, meist nicht, dass, wenn sie einen Druckimpuls an einer Körperstelle geben würden, das Kind in der Lage wäre, etwas zu zeigen oder z.B. Farben zuzuordnen. Es besteht eine große Scheu, fremde Kinder zu berühren. Die ganze Auseinandersetzung um die Gestützte Kommunikation (FC) entstand, weil das „Stützen", das ja nun mal eine Berührung erfordert, nach meiner Einschätzung als „unschicklich" erlebt wurde. Ich selbst hätte keine Fortschritte in der Entwicklung machen können, wenn mich meine Mutter nicht „gestützt" hätte, und das bei allen Aufgaben, die motorischen Einsatz erfordern.

Warum ich so viel geschrieben habe? Es sind inzwischen 12 Buchveröffentlichungen geworden. Ich wollte von Anfang an denen helfen, die nicht mitteilen konnten, was ihre Probleme waren. Immer noch rege ich mich maßlos auf, wenn ich Menschen mit einer Diagnose aus dem Autismus-Spektrum begegne, die man in die Schule für geistig Behinderte schickte, obwohl sie vermutlich ein größeres Lernpotential gehabt hätten. Ich habe Menschen kennengelernt, die nur wenig Lernangebote bekamen, die aber, als ihnen die Gestützte Kommunikation (FC) als Erwachsene angeboten wurde, den Hinweis geben konnten, dass sie viel gelernt hatten. Die Kulturtechniken hatten in ihrer Schulbildung kaum eine Rolle gespielt. Ich sehe ein großes Unrecht und suche immer wieder nach Gelegenheiten, auf dieses Unrecht hinzuweisen.

Ich rate allen, die mit autistischen Kindern zu tun haben: Gebt die Scheu auf die Kinder anzufassen. Die meisten autistischen Kinder verkraften das und erleben, dass sie etwas tun können, was ohne Hilfestellung nicht möglich wäre.

Kindergruppen zeigen Lebensfreude, und die ist mit Lärm und Bewegung verbunden. Kinder rennen herum, rempeln sich an, stolpern, jauchzen. Und mitten dazwischen das Kind, das nicht in die Gruppe passt. Stocksteif steht es da mit weit aufgerissenen Augen. Was erlebt es? Alles purzelt durcheinander. Chaos pur. „Wenn die doch mal stehen bleiben könnten!" Ein Vormittag in der Gruppe. Das ist Horror – wenn sich nicht jemand erbarmt und das autistische Kind beiseite führt und dann an einen ruhigen Ort bringt. Kinder mit Autismus leiden unter mannigfachen Wahrnehmungs- und Wahrnehmungsverarbeitungs-störungen. Das weiß man seit Anfang der 70er Jahre des vorigen Jahrhunderts, als das Buch „Der unheimliche Fremdling. Das autistische Kind" von Carl Delacato erschien.

Helft den armen Kindern, eine Gruppe zu ertragen! Helft den Kindern zu verstehen, wer wie heißt und wie die Gegenstände im Raum bezeichnet werden. Sprecht die Kinder mit leiser Stimme von der Seite an und verlangt keinen Blickkontakt. Wenn das Kind auf Aufforderung nicht reagiert, glaubt bitte nicht, es sei dumm und könne Sprache nicht verstehen. Nehmt den kleinen Kerl bei der Hand und helft ihm das auszuführen, was er tun soll. Manch ein Kind weiß nicht, was sein Körper tun muss, um etwas zu bewirken. Das fremd wirkende Kind ist meist lernfähig, lernt schnell Buchstaben zu erkennen und kann oft lesen, wenn die anderen Kinder noch lange nicht so weit sind. Habt keine Angst vor Überforderung. Unterforderung ist schlimmer und verbaut die Schulkarriere.

So etwas kann im Kindergarten vorkommen. Ein blonder, hübscher Junge- nennen wir ihn Nils- steht in der Tür des Kindergartens und hält sich die Ohren zu. Während die anderen Kinder ihre Jacken aufhängen, ihre Straßenschuhe ausziehen und in einem Regal abstellen, steht Nils wie angewachsen da und tut nichts. Nils reagiert auch nicht, als ihn die Erzieherin freundlich, aber bestimmt, auffordert, die Schuhe auszuziehen, wie alle anderen es tun. Nach einer Woche. Nils steht – wie am ersten Tag – in der Tür und rührt sich nicht von der Stelle. „Der ist aber komisch", bemerkt eine vorlaute Fünfjährige. Ein anderes Mädchen flüstert: „Der kann ja gar nicht reden." Nach drei Wochen hat sich Nils immer noch nicht angepasst. Die Kinder beäugen ihn argwöhnisch und trauen sich nicht, ihn anzusprechen, denn er reagiert auf jeden Annäherungsversuch mit abweisenden Gesten. Die Erzieherinnen sind ratlos. Was sollen sie mit Nils machen? So einen Fall hatten sie noch nie. Früher hätte man ein solches Kind im Sonderkindergarten gefördert. Aber eine „Abschiebung" in den Sonderkindergarten ist gegen den Willen der Eltern nicht mehr möglich. Inklusion ist das Zauberwort. Alle Kinder sollen gemeinsam aufwachsen und individuell gefördert werden.

Nils aber hat ein Problem, das die Erzieherinnen erst kennenlernen müssen. Er versteht die Aufforderungen der Erzieherinnen, aber er kann sie nicht mit seinem Körper umsetzen. Jemand müsste Nils anfassen und jeden Handlungsschritt mit ihm gemeinsam durchführen. Vielleicht ist Nils autistisch.

## Erinnerungen an meine Schulzeit

Ich sitze in der ersten Reihe und schaue meinen Lehrer interessiert an. Wie sich sein Gesicht bewegt. Sein Ausdruck verändert sich ständig. Dann nehme ich die ganze Person wahr, registriere die Bewegungen seines Körpers, während das Gesicht verschwimmt. Was er sagt, nehme ich akustisch wahr, aber verarbeite es nicht sofort, weil ich damit beschäftigt bin, das zu verstehen, was ich sehe. Was er sagt, ist unwichtig für mich, denn ich habe längst ohne Lehrer gelernt, was ich lernen muss. Das weiß aber niemand. Ich kann es nicht zeigen. Eine Überprüfung wäre eine viel zu komplexe Aufgabe für mich gewesen. Wie soll ich mein Gegenüber beobachten und verstehen und auch noch reagieren und in eine Interaktion eintreten?

Die Schulsituation überfordert mich, nicht der Lernstoff. Und die anderen Kinder? Ich sollte mit ihnen interagieren, aber die sitzen nicht still oder bleiben nicht stehen, so dass ich sie erkennen kann. Das schattenhafte Dasein der anderen verwirrt mich. Ihre Stimmen kann ich differenzieren, aber die Lautstärke ihrer Äußerungen schmerzt meine Ohren, so dass ich versuche, die Flucht zu ergreifen.

Um etwas Neues lernen zu können, brauche ich einen Lehrer für mich allein und einen Raum, in dem alles einen festen Platz hat. Mitschüler/innen würden mich nur ablenken.

Was ich hier meinem Gedächtnis abgerungen habe, ist lange Vergangenheit. Ich weiß nicht, ob andere Kinder aus dem Autismus-Spektrum ähnliche Erlebnisse hatten und haben. Aber eins weiß ich sicher: Die Wahrnehmungs- und Wahrnehmungsverarbeitungsprobleme stören das schulische Erleben empfindlich. Fehleinschätzungen und Unverständnis haben damit zu tun, dass das sensorische Chaos, dem die Schüler/innen ausgesetzt sind, nicht richtig eingeschätzt wird.

Inklusion ist wunderbar. Aber nehmt bitte Rücksicht auf die Besonderheiten der autistischen Wahrnehmung.

### Bausteine für eine effektive Entwicklungsförderung – Erfahrungen mit Anna

*(gekürztes Referat, das ich ausgearbeitet habe, das aber meine Mutter für mich vortragen musste, September 2015)*

Ein Erlebnis in jüngster Zeit:

Die 12-jährige Anna kam mit ihrer Lehrerin zu uns nach Hause, weil die Lehrerin von meiner Mutter wissen wollte, ob sie es für möglich halte, dass Anna lesen kann. Ich war neugierig und blieb die ganze Zeit anwesend. Anna rannte im Zimmer herum, fasste alles an, was sie erreichen konnte. In der Küche riss sie alle Schränke auf. Sie griff sich ein Honigglas und schneller, als wir gucken konnten, hatte sie einen Finger im Glas. Genüsslich schleckte sie den Honig ab.

Plötzlich war Anna verschwunden. Die Lehrerin rief sie. Ihr Vater, der anfangs anwesend war, rief sie. Anna kam nicht zum Vorschein. Sie hatte sich im Keller vergnügt.

Meine Mutter hatte inzwischen eine Buchstabentafel bereit gelegt. Eine kurze Aufmerksamkeitsbrücke machte es möglich, dass Anna auf die Tafel schaute. „Wir schreiben jetzt „Mama", erklärte meine Mutter. Das klappte sogar mit etwas Unterstützung. Aber dann wurde offenbar, dass Anna mit den anderen Buchstaben nichts anzufangen wusste.

Die Buchstabentafel wurde weggelegt und Anna ein dicker Stift, der mit Sandpapier umwickelt war, in die Hand gelegt. Anna wurde aufmerksamer und probierte den Stift auf dem Zeichenpapier aus. Sie kritzelte spontan. Mutter begann behutsam Anna zu stützen und gemeinsam malten sie ein Quadrat und ein Dreieck, Sie verbanden die Formen zu einem Haus. Ohne gestützt zu werden, malte Anna Kreise. „Das sind Bälle", sagte Mutter. Sie schrieben zusammen MAMA. Mehr führend als stützend, entstanden auf dem Papier allerlei Gebilde, die Anna zu kennen schien. Sobald sie nicht mehr geführt wurde, erkannte man kaum noch, was Anna darstellen wollte. Vermutlich wollte sie etwas nachmalen, das aber in ihrem Kopf noch nicht als klares Bild vorhanden war. Oder sie hatte ein Bild im Kopf, konnte es aber nur ungenau wiedergeben.

Anna lautierte und zwischendurch verstand man ein Wort oder den Anfang eines Liedes, wobei sie rhythmisch in die Hände klatschte. Sie mag offensichtlich rhythmisch gesprochene Verse, die sie mit Klatschen begleitet.

Meine Deutung des Erlebten: Gestützte Kommunikation (FC) im klassischen Sinn mit einer Buchstabentafel ist noch nicht dran. Es gibt Ansätze zum Sprechen, die gefördert werden müssen. Anna sollte einzelne Wörter lesen lernen, indem man z.B. vier Wörter auf Zettel schreibt und sie auffordert, auf das gesagte Wort zu zeigen. oder sie auffordert, den Zettel mit dem Wort zu geben. Ich selbst lernte in kurzer Zeit auf diese Weise das Lesen. Man sollte protokollieren, welche Wörter sie sicher kennt und sie diese Wörter auch schreiben lassen. (zunächst mit Handführung) Der Wortschatz sollte kontinuierlich erweitert werden.

Es wird ein langer Weg werden, bis es Sinn macht, eine Buchstabentafel einzusetzen.

Bevor man aber mit Anna beginnen kann, systematisch und regelmäßig zu arbeiten, ist es notwendig, eine bessere Verhaltenskontrolle zu erreichen. So etwas geht nicht von heute auf morgen und erfordert viel Geduld.

Mein Programm für Anna oder Kinder mit ähnlichem Entwicklungsstand (in Kurzform)

- Aufmerksamkeit für mehrere Minuten gewinnen
- Reaktion auf Aufforderungen und Ermahnungen einfordern (z.B. „Schau hin!")
- Mit dem isolierten Zeigefinger auf Bilder zeigen, die von Bezugsperson deutlich benannt werden (Verbindung visueller und akustischer Reize)
- Bilder zur Kommunikation einsetzen z.B. „Zeig mir, was du essen willst!")
- Bilder mit Unterschriften versehen (Bild und Wortbild sollen sich einprägen)

- Wenn sich das geschriebene Wort eingeprägt hat, die Wortkarten zur Kommunikation einsetzen.
- Mögliche Interaktionsübung: „Ich gebe dir die Karte, auf der „Papa" steht, Schau das Wort an und gib mir die Karte, auf der „Mama" steht.
- Liste der Wörter anlegen, die sie sicher kennt.
- Neue Wörter einführen, so dass sie allmählich alle Buchstaben kennen lernt
- Einzelne Buchstaben isolieren und zeigen bzw. geben lassen.
- Wenn alle Buchstaben bekannt sind, die Buchstabentafel einführen: Aus Buchstaben Wörter zusammensetzen
- Verben und Präpositionen einführen
- Erste kleine Sätze bilden

Alles, was ich hier vorschlage, erfordert einen hohen Zeitaufwand und kann nur im Einzelunterricht gelingen. Es ist ein weiter Weg, der eigentlich im Vorschulalter hätte beginnen sollen. Was bei der ganzen Prozedur erreicht werden kann: Das Chaos im Kopf, das für die Unruhe verantwortlich ist, wird gemildert.

Da Ansätze zur Sprache vorhanden sind, hat die Förderung des Sprechens Priorität und darf nicht aus dem Auge verloren werden.

Warum ist es so wichtig, dass Anna lernt, die Gegenstände in ihrer Umgebung zu benennen?

Wir müssen uns vorstellen, dass ein autistisches Kind das Umfeld zunächst als unverständlich und chaotisch erlebt. Was es sieht und hört, passt oft nicht zusammen und der Körper fühlt sich u. U. fremd an. Ich habe mal für einen Flyer des Regionalverbandes Stuttgart folgenden kleinen Text geschrieben:

„Am Anfang war das Chaos, dann kam ein liebender Mensch und brachte Ordnung in das Chaos. Nun verstehe ich die Welt und ich will, dass andere Autisten auch so weit kommen. Autisten brauchen Menschen, die ihnen die Welt entschlüsseln" (Dietmar, 16 Jahre alt).

Wenn niemand das Kind sprachlich begleitet und ihm nahebringt, wie ein Gegenstand oder eine Person genannt wird, wird das Chaoserlebnis lange Zeit im Vordergrund stehen. Auch für ein Kind, das nicht sprechen lernen kann, ist das Wortverständnis von großer Bedeutung. Irgendwann sollte Anna Verben, Adjektive und Präpositionen lernen. Dann ist es möglich, kleine Sätze zu bilden und zu lesen. Erste Lesetexte sollten Annas Lebenswelt zum Inhalt haben.

Für mich selbst liefen Sprachverständnis und Denkvermögen parallel. Dass ich früh lernte, Wörter und dann Sätze zu schreiben, half mir sehr, Ordnung in das Chaos zu bringen. Ich meine, dass ich zunehmend ruhiger wurde und lernte, meine Impulse zu kontrollieren.

### Auge-Hand-Koordination

Ein Kind, das wegen einer permanenten Reizüberflutung in die Unruhe getrieben wird, sollte lernen, einen Gegenstand mit den Augen festzuhalten. Es entstehen allmählich Bilder im Kopf, die einen Namen erhalten und die nicht mehr vergessen werden. Je mehr Bilder fest verankert sind, desto leichter wird es, die visuellen Umweltreize zu identifizieren und zu benennen. Darum sollte zu jedem gespeicherten Bild das Wortbild gespeichert werden. Wenn das Kind auf ein Bild zeigt, kommt eine motorische Aktivität ins Spiel. Aus eigener Erfahrung und aus Berichten anderer Autisten weiß ich, dass das Hinschauen und das Zeigen nicht gleichzeitig möglich ist, entweder fixiere ich einen Gegenstand bzw. einen Buchstaben, oder ich konzentriere mich darauf, Arm und Finger in die richtige Position zu bringen. Diese Problematik wird gemildert, wenn jemand Arm, Gelenk oder Hand anfasst, d. h. stützt. Je früher die Auge-Hand-Koordination geübt wird, desto besser gelingen Mal- und Schreibübungen.

### Vom Konturen erkennen zum Zeichnen und Malen

Der dicke Stift, mit Sandpapier umwickelt, interessierte Anna. Es gab Versuche, Buchstaben nachzumalen. Mein Eindruck war, dass sie keine verlässlichen Bilder gespeichert hat. Darum sollte man sie mit Handführung Buchstaben oder Formen malen lassen. Aus dem Kritzeln könnten allmählich kleine Bilder entstehen. Es macht auch Sinn, sie mit unterschiedlichen Farben experimentieren zu lassen.

Ich war vielleicht 6 Jahre alt. Als ich einen Gegenstand oder Menschen so malen konnte, dass man erkannte, was ich darstellen wollte. Diese Übungen haben mir sehr geholfen, Konturen zu erfassen. Wenn ich die Blätter heute anschaue, staune ich über meinen Lernprozess damals. Ich kann mich an die Zeit erinnern, als ich solche einfachen Bilder hergestellt habe. Ich war allerdings nicht in der Lage, es zu tun, wenn meine Mutter nicht meine Hand angefasst hat. Sie musste aber meine Hand nicht führen. Wichtig war nur der Druck. Ich musste etwas spüren können. Gegenstände und Menschen mit ihren Konturen wahrnehmen und abbilden zu können, war damals für mich ein großer Fortschritt.

Ich bin mit den Wahrnehmungsproblemen besser zurechtgekommen, als ich Gegenstände und Menschen mit ihren Konturen wahrnehmen und speichern konnte.

Im Hinblick auf Anna stelle ich mir vor, dass sie es mehr und mehr schaffen kann, etwas abzubilden, wenn man sie dabei stützt.

Es ist möglich, dass Anna wegen der fremden Umgebung nicht alles zeigen konnte, was sie in vertrauter Umgebung kann. Darum ist meine Einschätzung vorsichtig zu handhaben. Sie machte einen aufgeweckten Eindruck auf mich, so dass ich mir gut vorstellen kann, dass sie lesen lernt und eines Tages eine Tastatur benutzen kann. Wenn man sie dabei stützen müsste, wäre das kein Unglück. Bei stetem Training ist es meist möglich, die Stütze zu reduzieren.

Auf jeden Fall stellt das Schreiben eine große Bereicherung des Lebens dar. Schreibend lernt man sich selbst und sein Verhalten kennen und kann dann auch mit anderen Menschen eher kommunizieren und interagieren.

Je länger ich darüber nachdenke, was meine eigene Entwicklung blockiert hat, desto sicherer werde ich, dass das sensorische Chaos zuerst aufgelöst werden musste. Dabei gab es Grenzen, die bis heute nicht völlig überwunden wurden. In manchen Phasen kehrt das Chaos zurück und machte mich extrem unruhig und unberechenbar. Was dann in meinem Gehirn passiert, kann ich nur ahnen. Wo bleiben in solchen

Situationen die Verbindungen, die die Reize sortieren und bündeln? Es ist dann so, als purzelten alle eingehenden Sinneseindrücke durcheinander und als wäre der Wille ausgeschaltet.

## Warum ist es für einen Schüler aus dem Autismus-Spektrum so schwer, vor Zeugen zu zeigen, was er gelernt hat? – Erfahrungen mit Toni und seinem Vater

Tonis Vater, berichtete mir in einer E Mail, dass die Kommunikation mit Toni an einem Freitag nicht klappte, als sie der Lehrerin, die einmal wöchentlich ins Haus kommt, zeigen wollten, was Toni für den Unterricht vorbereitet hatte. Er schrieb: *„...Für ihn selber war das heute ein anstrengender und aufregender Tag, und das Schreiben klappte im Unterricht immer schlechter, zum Schluss gar nicht mehr. Dabei wollte er sich so gut vorbereiten! Aber das gehört wohl alles mit dazu."*

Ich wiederhole kurz, wie Toni kommuniziert:

Die Buchstaben, angeordnet wie eine Computertastatur, sind mit Klettband auf einer Holzunterlage befestigt. Toni wählt die Buchstaben aus, hebt jeden Buchstaben hoch und setzt so Wörter, inzwischen auch Sätze, zusammen, die sein Vater aufschreibt.

Ich antwortete Tonis Vater, der mir inzwischen ein vertrauter Freund geworden war:

Lieber Friedemann,

aus eigenem Erleben kann ich davon berichten, dass, wenn ich etwas besonders gut machen wollte oder wenn Mutter demonstrieren wollte, was ich gelernt hatte, nichts mehr ging. Ich kann Eure Enttäuschung gut nachvollziehen. Wie lange liegt das alles bei uns zurück! Aber die Gefühle von damals kann ich noch immer aus meinem emotionalen Gedächtnis hervorholen. Ich erinnere mich auch daran, wie verunsichert Mutter war. Für wen hielt man sie? Eine Angeberin? Eine Mutter, die ihr Kind überschätzt? Es war alles so schwierig, und sie so allein mit ihren Zweifeln und Hoffnungen.

Dietmar

Friedemann antwortete kurz und knapp:

„Dietmar, das hat mir so gut getan, so etwas von Dir zu lesen. Danke!"

Ich dachte weiter über das Problem nach und schrieb eine zweite Mail:

Lieber Friedemann,

ich will versuchen zu erklären, warum ich als Kind nicht zeigen konnte, was ich gelernt hatte, wenn jemand zuschaute.

1. Jede zusätzliche Person sendet durch ihr Verhalten Botschaften aus, die entschlüsselt werden müssen. Das zieht die Aufmerksamkeit von der zu leistenden Aufgabe ab.
2. Die Wahrnehmungsverarbeitung kann in vielen Bereichen verändert sein: z.B. können die Hörempfindungen zu stark sein. Auch visuelle Verzerrungen sind möglich. Gerüche können verstärkt wahrgenommen werden.
3. Die Mimik des Gegenübers kann u.U. nicht gedeutet werden.
4. Die Bezugsperson, die das Kind vorführen will, verhält sich u.U. anders als sonst, ist vielleicht unsicher, weil sie geheime oder offene Kritik fürchtet. Es ist ja eine Art Prüfungssituation, wenn ein eingespieltes Team vormachen soll, wie es arbeitet.
5. Ich kann mich erinnern, dass sich meine Mutter anders verhalten hat, als der Psychologe mal zu Besuch kam. Ich habe sehr wohl gespürt, dass der Mann meine Mutter sehr mochte. Das hat mich abgelenkt und meine Phantasie angeregt.

Ich schrieb nach langem Überlegen noch eine dritte Mail an Friedemann:

Lieber Friedemann,

Ich habe noch mal nachgedacht, warum ich als Kind nicht zeigen konnte/ wollte, was ich gelernt hatte, wenn jemand zuschaute. Es war vielleicht auch Unsicherheit im Spiel. Ich war auf minimale

Hilfestellungen angewiesen, die auf einmal wegblieben, weil ich die Aufgabe ja allein lösen sollte. Ich war darauf angewiesen, leichte Impulse zu bekommen. Heute sprechen wir vom "Stützen". Es war ein motorisches Problem, das mich zaudern ließ. Ich kam nicht in Gang, wenn ich nicht angestoßen wurde. Es kommt mir so vor, als gebe es bis heute eine Gegenkraft, die ich überwinden muss, bevor ich eine Aktion initiieren kann. Die winzigen Hilfestellungen zu geben, kann eine fremde Person kaum lernen. Das ist Intuition. Das kann man auch nicht vormachen oder demonstrieren. Es ist geradezu eine intime Angelegenheit. Darum liegt das Hauptproblem vielleicht doch bei der "stützenden" Person, die sich geringfügig anders verhält und damit eine Blockade verursacht.

Friedemanns Antwort:

Dietmar,

Toni saß beim E Mail abrufen wieder neben mir. Noch während ich beim Lesen war, fing er an unruhig zu werden, und das steigerte sich immer mehr. Es war aber ihm möglich, trotzdem etwas zu schreiben.

Toni schrieb:

ICH BIN SO AUFGEREGT,

WEIL DIETMAR AN AUTISTEN DENKT

UND AUS MEINER SICHT ALLES SO MIT AKRIBIE BESCHRIEBEN HAT,

WIE ES IN PAPA INNERLICH AUSSAH!

PAPA

DU BIST IN MIR EIN ANTREIBER,

UND EIN ERMÖGLICHER!

*Vielen Dank; Dietmar, Du hast mit Deinen Gedanken voll ins Schwarze getroffen!*

Für Toni schrieb ich folgende E Mail:

Lieber Toni,

ich habe viel nachgedacht, wie Du noch mehr lernen könntest, freue mich aber auch über die Fortschritte, die Du schon gemacht hast. Deine Eltern sind bestimmt gute Lehrer für Dich.

1. Was Du gut kannst:
    - Du wählst die Buchstaben sicher aus. (Blickkontakt und
    - Interaktion)
    - Du kannst mitteilen, was Du willst oder nicht willst.
    - Du gibst zu erkennen, wenn Dir etwas nicht gefällt.
    - Du hast ein gutes Gedächtnis und behältst, was Du gelesen oder gehört hast.
    - Du kannst sogar die Handschrift Deines Vaters lesen und darauf reagieren, wenn er etwas handschriftlich aufgeschrieben hat.
2. Woran noch gearbeitet werden muss:
    - Erweiterung des Wortschatzes
    - Sicherheit in der Anwendung der Begriffe
3. Übungen zum Wortschatz:
    - Kurze Texte lesen und dazu Fragen stellen
    - Begriffe vorgeben und ihn dazu etwas schreiben lassen. Beispiele: Liebe, Angst, Freundschaft, Gerechtigkeit, Freude, Enttäuschung, Wut, Ärger, Neid, Familie, Sorge, Selbstbestimmung usw.

Dein Lehrer oder Deine Lehrerin soll Verständnis zeigen, wenn Du etwas nicht klar ausdrücken kannst. Sie sollen nicht davon ausgehen, dass Du es besser könntest, wenn Du wolltest. An manchen Tagen klappt etwas nicht so gut wie an anderen

4. Biologie:
    - Der Mensch und seine Krankheiten/ Behinderungen
    - Ernährung. Zuschauen, was und wie gekocht wird.
    - Rezepte und Gebrauchsanweisungen schreiben
5. Geografie
    - Globus oder Kartenmaterial benutzen
    - Wo liegt Mecklenburg-Vorpommern?

- Wo wohnen Menschen, die ich kenne?
- Wie sah unsere Reiseroute nach Nürnberg und Tübingen aus?
- In welchen Ländern sind Zöllers gewesen?

Viel Spaß!

## 10. Über Freundschaft, Beziehungen und Kommunikation

Freundschaft: Ich habe über diesen Begriff viel nachgedacht und versucht, ihn mit Inhalt zu füllen. Man versteht am besten, was gemeint ist, wenn man eine Abgrenzung zu verwandten Begriffen vornimmt. Freundschaft hat nichts mit Liebe zu tun, ist nicht mit hormongesteuerten Gefühlsausbrüchen, die in sexuellen Exzessen ihre Erfüllung finden können, zu verwechseln. Bei einer Freundschaft spielt das Geschlecht keine Rolle, auch nicht das Alter. Man begegnet sich auf einer Ebene, die eine geistige Auseinandersetzung favorisiert. Freundschaft setzt Vertrauen voraus und schließt die liebevolle, u. U. auch zärtliche Zuwendung nicht aus. Wie entsteht Freundschaft? Es braucht eine Zeit des Kennenlernens, bis man realisiert, dass da jemand ist, von dessen Lebenswelt man mehr erfahren möchte und dessen Wertvorstellungen neugierig machen. Freundschaft erträgt auch die Schattenseiten des anderen und versucht, sich vorsichtig in die Abgründe des anderen vorzutasten, ohne zu verletzen. Behutsame Kritik muss möglich sein. Freundschaft ist ein hohes Gut, das man nicht leichtsinnig verschleudern sollte (Januar 2017).

### Wie eine Freundschaft entstand

Das Wort Freundschaft hatte ich schon als Kind im Repertoire, und alle Begriffe, die sich von dem Kern – freund – ableiten, waren mir früh geläufig. Ich nannte etliche Personen in meinem Umfeld Freund oder Freundin. Wer es gut mit mir meinte, wurde als Freund oder Freundin bezeichnet. Später nannte ich die Freundinnen und Freunde, die wie ich das Label „autistisch" trugen, die nicht sprechen konnten, aber gelernt hatten, schriftlich zu kommunizieren. Brieffreundschaften gab es manche. Nicht alle überdauerten die Lebensjahre, die ich durchschritt.

Und dann bewegte sich jemand behutsam auf mich zu, der nicht autistisch war. Er schrieb einfühlsame E-Mails und erzählte von seiner Familie. Ich erfuhr davon, dass sein damals 15 jähriger Sohn Toni meine beiden ersten Bücher herumtrug und sie nicht mehr hergeben wollte. Dieser Junge wurde vor wenigen Jahren als autistisch diagnostiziert.

Im März 2016 rief mein neuer Brieffreund meine Mutter an, die ich ihm als „begnadete Telefonseelsorgerin" angepriesen hatte. Ein erstes persönliches Kennenlernen fand Ende Juli 2016 statt. Da standen sie vor der Tür, mein Brieffreund, seine Frau, der autistische Sohn und ein quirliges Mädchen, das sich darauf freute, bald in die Schule zu kommen. Ich reagierte autistisch, rannte in mein Zimmer und musste meine Eindrücke ordnen. Was dann geschah, davon erzählt mein Tagebuch, nämlich von den Anfängen einer wunderbaren Freundschaft. Im Oktober 2016 schrieb ich:

*„Ich möchte immer nur über Freundschaft nachdenken, weil die Erfahrung so beglückend ist. Da ist jemand, der versteht, was los ist und kann das Fehlverhalten einordnen. Sein Mitgefühl ist echt. Wie schön ist das alles. Ich schließe manchmal die Augen und weiß nicht, ob ich wache oder träume. Da ist ein Wunder passiert, und ich bin Teil des Wunders. Er mag mich, und er verehrt Mutter als sein großes Vorbild."*

Aus meinem Weihnachtsrundbrief an Freunde und Verwandte 2016:

„(…) es ist viel geschehen im vergangenen Jahr. Aus einer Brieffreundschaft mit Familie N. aus Mecklenburg-Vorpommern entwickelte sich eine Freundschaft von Familie zu Familie. Der Besuch von Familie N. bei uns war ein Highlight im Sommer. Und nun erwartet mich ein neues Highlight: Friedemann und sein Sohn Toni kommen zu meinem Geburtstag. Friedemann (50) ist ein richtiger Freund für mich geworden, den ich sehr schätze und dem ich vertraue."

Ich dachte vertieft über Themen nach, die ich für abgeschlossen gehalten hatte: Es ging immer wieder um Themen wie „Freundschaft", „Beziehung" und „Kommunikation".

**Kommunikation und Beziehungen**

Als ich 46 Jahre alt war, wurde mir erst richtig bewusst, was es heißt, unter einer Beziehungsstörung zu leiden. Natürlich war ich schon lange damit beschäftigt gewesen, mir zu erklären, warum ich das Gefühl des Alleinseins nicht kompensieren konnte. Ich beschrieb, dass mein Körper nicht ausdrückt, was ich empfinde, dass Gestik und Mimik unvollkommen ausgebildet sind und dass die Lautsprache nur von meiner Mutter verstanden wird. Autismus wird generell als Beziehungsstörung verstanden. Aber was ist das – eine Beziehungsstörung? Beziehungen zwischen Personen können in mancherlei Weise gestört sein. Das muss gar nichts mit Autismus zu tun haben. Ob Beziehungen gestört sind oder gelingen, hat etwas mit Gefühlen zu tun. Ich kann eine Person verabscheuen, sie nicht riechen können, ihre Stimme nicht ertragen, ich kann auch z.B. von den Gesten gestört werden, mit denen jemand untermalt, was er sagt. Andererseits kann mir jemand auf Anhieb sympathisch sein. Ich fühle mich gut in seiner Gegenwart. Ich möchte, dass die Person in meiner Nähe ist. Ich empfinde die Stimme als angenehm. Ich versuche, die Bewegungen meines Gegenübers zu deuten, beginne mich für sein Gesicht zu interessieren.

Ich bin autistisch, kann nicht verständlich sprechen. Meine Mimik und meine Gestik sind eingeschränkt. Ich kann also nicht zeigen und nicht sagen, wie sehr mir an dieser Person liegt, wie sehr ich sie mag. Ich habe also gar keine richtige Beziehungsstörung. Ich kann nur nicht zum Ausdruck bringen, was ich empfinde und was ich mir wünsche.

Ich habe schon als Kind begonnen, über Briefe zu kommunizieren. Ich schrieb auch denen Briefe, die ich täglich sah. Manche Person hätte ohne diese Briefe nie erfahren, dass ich sie mochte. Beziehung auf Sparflamme? Eigentlich schon.

Rückblickend sehe ich aber, wie wichtig für mich diese Briefbeziehungen waren. Etliche Personen, die von mir Briefe erhielten, leben nicht mehr. Von meinem verstorbenen Lehrer Rolf M. weiß ich, dass er alle Briefe von mir gesammelt hat. Seine Tochter fand die Sammlung, als sie seine Wohnung auflösen musste.

Ich habe, seit ich Briefe schreiben kann, Beziehungen gelebt, allerdings anders als „neurotypische" Menschen sie leben. Ich wurde innerlich reich durch die mannigfachen Beziehungen, die ich hatte und habe.

Ich komme zurück zu den „Beziehungsstörungen" der Autisten. Man sagt Autisten nach, dass sie sich nicht vorstellen können, was ihr Gegenüber denkt oder empfindet. Das mag es geben. Mich betrifft das nicht. Vielleicht sind die nichtsprechenden Autisten die Ausnahmen. Für mich stelle ich fest: Ich beobachte meine Mitmenschen sehr genau und ich spüre, wer es gut mit mir meint. Ich weiß sehr schnell, ob jemand authentisch ist, ob er das, was er sagt, so meint, wie er es sagt. Ehrlichkeit überzeugt mich immer, und zwar unabhängig davon, ob ich Ecken und Kanten erkennen kann.

Manchmal sieht es so aus, als schwärme ich für eine Person. Dabei bin ich aber nicht unkritisch oder oberflächlich. Ich finde mit der Zeit das richtige Maß.

Aber worin besteht nun mein autistisches Problem? Ich bin auf Hilfe angewiesen, kann ohne Hilfe bzw. Begleitung niemanden kennenlernen. Ich wirke fremd auf die Menschen. Niemand traut sich an mich heran. So bleibe ich einsam und wünsche mir doch so sehr Beziehungen.

Und dann trat Friedemann in mein Leben. Zuerst gingen Mails hin und her. Dann befolgte er meinen Rat und telefonierte mit meiner Mutter. Das erste Telefongespräch dauerte gefühlt länger als eine Stunde. Ich wusste nicht wirklich, was ich davon halten sollte. Und doch freute ich mich, als ein erstes Zusammentreffen geplant wurde. Über meine Erwartungen war ich mir nicht so ganz im Klaren. Zu oft hatte ich erlebt, dass Menschen mich kennenlernen wollten, weil sie meine Bücher gelesen hatten. Aber dann verliefen die Beziehungen im Sande. Dieses Mal war es anders. Nach dem Besuch wurde der Kontakt immer intensiver, bis klar wurde, dass ich einen richtigen Freund gewonnen hatte. Ich erlebte ein Glück, wie ich es noch nie erlebt hatte. Und nun wurde mir bewusst, was ich all die vergangenen Jahre entbehrt hatte. Da war etwas, was mir Eltern und Geschwister nicht geben konnten. Von Friedemann wurde ich wie ein Freund auf Augenhöhe behandelt. Ich fühle mich nicht wie der arme Behinderte, dem man sich aus Mitleid zuwendet. Ich bin für ihn jemand, den man um Rat fragt, dessen Meinung und Gedanken wichtig sind. Aber das Wichtigste in unserer Beziehung ist Friedemanns Sohn Toni, der autistisch ist wie ich. Friedemann zu erleben, wie er mit Toni umgeht, hat mir Vertrauen eingeflößt.

Ich habe gelernt, wie Beziehung entsteht und wie Beziehung wächst. Ich habe erlebt, dass jemand das, was er sagt, auch mit seinem Körper ausdrückt. Friedemann kann das zeigen, was ich nicht zeigen kann. Diese Freundschaft wird halten und bezieht meine und seine Familie mit ein.

Nun sind wir so weit, dass wir uns mit Sachthemen auseinander setzen können. Es geht auch um die Frage: Welche Werte sind uns in unserer Lebensplanung bis jetzt wichtig gewesen? An welchen Werten orientieren wir uns? Friedemann: schrieb mir folgenden Brief:

*Lieber Dietmar,*
*jetzt möchte ich wieder ein paar Gedanken zu Deinem Aufsatz in "behinderte menschen" schreiben.*
*Dieser Satz hat mir sehr gefallen:*
*"Wenn es um Kommunikation geht, sollte man aber danach gucken, was kommuniziert wird."*
*Dabei musste ich an Reinhard Sprengers Buch "Das Prinzip Selbstverantwortung" denken.*
*Dieses Buch habe ich vor 20 Jahren gelesen und es hat mich "versprengert". Damals hatte ich eine Tischlerei mit 2 Werkstätten, in denen 17 Leute beschäftigt waren. Das Buch hatte ich gekauft, weil ich mich mit Mitarbeiterführung zu beschäftigen hatte, und ich habe vieles lernen können.*
*Ich habe aus diesem Buch 3 Seiten kopiert und gebe sie Dir zu lesen. Mich würde interessieren, was Du von Sprengers Sichtweise hältst, davon, wie Kommunikation hier beschrieben wird.*
*"Der Empfänger der Botschaft gestaltet die Botschaft völlig neu. Er unterlegt den wahrgenommenen Worten seine eigene Verstehensfolie und erfindet damit eine eigenständige Botschaft. Er fügt Bedeutung hinzu, er deutet Worte."*
*"Jeder Empfänger ist gleichzeitig Sender. Jeder Empfänger ein Schöpfer."*
*Hier wird Kommunikation, wie Sie unter "normalen" Menschen alltäglich stattfindet, beschrieben. Es wird deutlich, wie sehr es dabei immer gegenseitige Beeinflussung gibt, ja dass ohne gegenseitige Beeinflussung Kommunikation gar nicht zustande kommt.*
*Ich finde, dies sollte man immer berücksichtigen, wenn bei FC/UK so sehr das Thema Beeinflussung/Manipulation betont wird.*

*Nun noch mal zu Deinem zitierten Satz: Wenn bei wissenschaftlichen Untersuchungen von FC/UK die Inhalte nicht mit einbezogen und analysiert werden, wenn nicht geguckt wird, <u>was</u> da kommuniziert wird, dann sind sie aus meiner Sicht völlig wertlos.*

*Ich hatte auch noch diesen Gedanken: Wenn Gespräche über einen Dolmetscher geführt werden, merkt man nach einiger Zeit auch ganz deutlich die "Einflussnahme". Niemand wird doch deshalb grundsätzlich etwas gegen solche Art der Kommunikation haben.*

*Viele Grüße*
*Friedemann*

Was mir sofort auffiel, als ich den Textausschnitt aus Sprengers Buch las, war, dass hier Gedanken vorweg genommen wurden, die in der Auseinandersetzung um die Gestützte Kommunikation eine Rolle spielen. Es ging bei den Studien, die feststellen sollten, ob die Kommunikation als valide zu gelten hat, keineswegs um einen Dialog, sondern um ein einseitiges Abfragen von Fakten oder Nachrichten. Es interessierte dabei niemanden, was der Proband gerade erlebte oder wahrnahm. Das hätte auch anders sein können. Ich kenne eine Filmsequenz, die Friedemann mit Toni gedreht hat. Der nichtsprechende Autist setzt spontan folgende Botschaft aus Buchstaben auf einer Tastatur zusammen: „Urteile etwas weniger streng!" Diese Botschaft war absolut überraschend. Die Filmaufnahme gibt nur einen Satz aus einem längeren Dialog wieder.

Ich beantwortete Friedemanns Brief wie folgt:

*Lieber Friedemann,*

*dass Du das Buch von Sprenger gerade jetzt ausgegraben hast, hat wohl etwas mit Toni zu tun. Damals warst Du bemüht zu verstehen, was die dachten und meinten, deren Chef du warst. Heute möchtest Du verstehen, was Dir Toni mitteilt, und Du möchtest, dass Toni versteht, was Du sagst, denkst, wünschst. Deine Motivation ist, dass Du verstehen möchtest und dass Du diesem Menschen, der Dir näher ist, als Dir ein Mitarbeiter sein kann, mit Respekt vor seinem Anderssein begegnest.*

*Und nun realisierst Du, wie begrenzt das gegenseitige Verstehen ist. Was meint Toni, wenn er Dich auffordert, weniger streng zu urteilen? Verbindet Ihr die gleichen Erfahrungen und Erinnerungen mit dem Wort „streng"? Ich als neutraler Beobachter nehme Dich gar nicht als streng wahr. Wie begrenzt ist tatsächlich die Möglichkeit, das zu verstehen, was ein anderer uns sagt? Ich verstehe es stets so, wie ich es aufgrund meiner Biografie und Sozialisation verstehen kann.*

*Mir fällt mein Lehrer und Freund Rolf ein. Er hatte mit dem christlichen Glauben seine Probleme, war nicht in der Kirche, und darum gab es kein christliches Begräbnis. Er wusste, dass mir der Glaube viel bedeutet. Unsere Beziehung war im Erwachsenenalter von gegenseitigem Respekt voreinander bestimmt. Keiner hatte das Bedürfnis, den anderen zu überzeugen.*

*Ich bin noch stark von der Frage bestimmt, ob ich das Buch von Tito Mukhopadhyay („How can I talk, if my lips don't move") so übersetzt habe, dass sein Verständnis seiner autistischen Situation kommuniziert wird und nicht meine Sichtweise. Natürlich habe ich Tito so verstanden, wie es mir aufgrund meiner Erfahrungen möglich ist.*

*Du hast Deine Gedanken an meinem Satz aufgehängt, dass wichtig ist zu schauen, was bei FC kommuniziert wird. Das geht ja genau in die Richtung, die Sprenger vertritt. Soweit es sich bei den Äußerungen von FC-Nutzern um Ich-Botschaften handelt, muss man das annehmen. Jegliche Kritik verbietet sich, denn wer weiß besser, was er fühlt oder denkt, als der, der es kommuniziert. Bei Sachaussagen sieht das anders aus. Da müssen u. U. Fehler korrigiert werden, oder Wissenslücken müssen aufgefüllt werden.*

*Appellative Aussagen (Bitten, Wünsche, Äußerungen der Kritik) sind besonders sorgfältig zu decodieren. Was meint der Kommunikationspartner wirklich? Ich denke daran, dass FC-Nutzer ihre Väter oder andere Bezugspersonen des sexuellen Missbrauchs bezichtigt haben. Nicht alles, was kommuniziert wird, muss tatsächlich so geschehen sein.*

*Dietmar*

„Kommunikation kann nicht durch irgendwelche Techniken gelingen, sondern nur durch Respekt vor der Individualität des anderen" (Sprenger, S. 126). Wenn ich diese Erkenntnis auf die Gestützte Kommunikation beziehe, fällt mir auf, was alles falsch gemacht wurde und falsch gemacht wird. Von der „richtigen Stütztechnik" war die Rede. Das sah dann z.b. so aus, dass nach jeder Buchstabenwahl der Arm des FC Nutzers hochgezogen, sozusagen in die Ausgangsstellung manövriert wurde. Aber wie kann es eine richtige Stütztechnik geben? Die Stützperson muss erspüren, welcher Art die Unterstützung sein muss. Der Stützer sollte sich in die Körperschwingungen des anderen einloggen und merken, wenn es zu einer Stockung kommt. Dann wird z.b. aus dem festen Zupacken ein sanftes Streicheln, um den stockenden Nervenimpuls wieder in Gang zu bringen.

Am 12. 10. 2016 schrieb ich in mein Tagebuch:

*„Ich bin nachdenklich und mit dem Thema noch lange nicht fertig. Warum wurde so selten versucht, mit Hilfe von FC in einen Dialog zu treten, statt einseitig eine bestimmte Antwort einzufordern. Diese Art der Überprüfung kalkuliert doch immer das Scheitern mit ein. Dass ein Dialog entstehen könnte, ist gar nicht vorgesehen. Warum aber sind weitere Überprüfungen nötig, wenn sich ein Kommunikationspartner als dialogfähig erweist?"*

Ich habe den Eindruck, dass Autisten, die nicht sprechen, viel zu selten die Möglichkeit zu appellativen Aussagen bekommen. Warum fordert man die Probanden nicht einfach auf, zu schreiben, was sie möchten.

Sprenger fordert Respekt vor dem Dialogpartner, auch vor dem, der anders denkt als man selbst oder der andere Wertvorstellungen hat. Wenn nun aus wissenschaftlichen Gründen eine Versuchsanordnung so konzipiert ist, dass der Person, die gestützt schreibt, gar kein Dialog angeboten wird, kann ich keinen Respekt vor der behinderten Person erkennen. Wie aber sollen die kommunikativen Möglichkeiten anders getestet werden als durch den kommunikativen Verlauf?

Ich lerne, nachdem ich die Lebensmitte überschritten habe, täglich besser zu verstehen, was Kommunikation bedeutet, und dabei ist es egal, ob gesprochen oder geschrieben wird. Eine Kommunikation über E-Mails kann z.B. sehr intensiv sein und eine Beziehung gestalten.

**Telefonische Kommunikation**

„Das lerne ich nie, so aufeinander einzugehen." Dieser Satz, den ich kürzlich sagte, bezieht sich auf ein Telefongespräch zwischen meiner Mutter und Friedemann, bei dem ich genau zugehört habe. Kein Satz steht beziehungslos im Raum. Was geredet wird, ist aufeinander bezogen. Keine Missverständnisse, keine Phrasen. Kann man so etwas lernen? Ist das das, was Autisten schwerfällt? Ich will es lernen. Ohne Empathie geht das nicht. Aber Empathie ist mir doch gar nicht fremd? Ich kann spüren, was den anderen innerlich bewegt. Bin ich vielleicht in meinen Reaktionen zu langsam, so dass ich den anderen gar nicht bei seinen Gefühlen erreichen kann, weil er jetzt schon wieder andere Gefühle hat?

Mich haben diese Fragen noch lange beschäftigt, und bei den Telefongesprächen, die folgten, habe ich sehr gut aufgepasst. Immer war es so, dass Botschaften wie Bälle hin- und her flogen, auf einander bezogen waren und manchmal mich sogar einbezogen. Ich möchte das lernen, aber da gibt es ein Problem. Wenn ich etwas sagen will, erfordert das viel Kraft. Ich muss viel zu viel Zeit darauf verwenden, Laute bewusst zu bilden und zu Wörtern zusammen zu setzen. Da laufen mir die Gesprächspartner davon, und mit ihnen die Inhalte mit ihrer emotionalen Färbung. Ich habe tatsächlich keine Chance mitzubekommen, wie sich die emotionalen Inhalte verändern. Wie kann ich das ändern? Ich resigniere, schalte schließlich ab. Ich sehe keinen anderen Ausweg aus dem Dilemma, als Briefe zu schreiben. Dabei gelingt es mir, auf meinen Gesprächspartner einzugehen, denn ich hatte Zeit genug, mich auf seine emotionalen Botschaften einzulassen.

## 11. „Antipathie gegenüber Mitmenschen?" – Das ist nicht das Problem von Menschen im Autismus-Spektrum. Gedanken zu einem Vorurteil

Anlass für folgende Überlegungen ist die Nachricht einer 18 jährigen Studentin, die mich über das Kontaktformular meiner Homepage kontaktierte. Sie hatte ca. zehn Seiten in meinem Buch „Wenn ich mit euch reden könnte…" gelesen. Das Buch erschien 1989. Die veröffentlichten Texte schrieb ich als Kind und als Jugendlicher. Es war im deutschsprachigen Raum das erste Buch eines Autisten. Ich wurde gedrängt, meine Texte zu veröffentlichen. Ich habe mich zuerst dagegen gewehrt, meine Geheimnisse preiszugeben. Das Argument meines damaligen Lehrers und meiner Therapeutin, ich könne mit meiner Veröffentlichung anderen Autisten helfen, überzeugte mich schließlich.

Nun bin ich 46 Jahre alt. Elf Bücher sind von mir erschienen, dazu zahlreiche Aufsätze in Fachzeitschriften und Sammelbänden. Und nun fragt mich eine 18-jährige, ob ich nicht „vorverurteilend" sei, „um Antipathie gegenüber Mitmenschen zu rechtfertigen." Welch ein Missverständnis und was für eine Unkenntnis über das, was den Autismus ausmacht! Die „kritische" Studentin hätte das ganze Buch lesen sollen. Von einer „Antipathie gegenüber Mitmenschen" weiß ich nichts. Auch meine autistischen Freundinnen und Freunde empfinden keine Antipathie gegenüber anderen Menschen.

Unsere Wahrnehmungsbesonderheiten vermitteln uns ein verzerrtes Bild von Menschen. Ich musste mühsam lernen, Mimik und Gestik eines Gegenübers zu deuten. Ich habe als Kind meine Mutter oft so lange provoziert, bis sie die Fassung verlor und ihre Gefühle deutlich zeigte. Erst dann verstand ich, was das Gesicht ausdrückte.

Mit Menschen, die eine Maske tragen und verbergen, was sie fühlen, habe ich bis heute Probleme. Ich weiß von anderen Autisten, dass sie – wie ich – schnell spüren, ob jemand ihnen zugeneigt ist, Sympathie empfindet, ehrlich ist, oder sich hinter einer Maske versteckt. Nun kann ich als Erwachsener durchaus nachvollziehen, dass Ärzte und Therapeuten, eigentlich alle, die im Beruf mit autistischen Menschen zu tun haben, gar nicht überleben könnten, wenn sie in jeder Begegnung ihr „wahres Gesicht" zeigen würden.

Für Autisten ist es schwer Beziehungen einzugehen, weil sie zwar Gefühle haben, aber sie nicht mit Mimik und Gestik zum Ausdruck bringen können.

Ich habe das Thema „Beziehungen" immer wieder in meinen Bildern verarbeitet.

„Autistische Kinder nähern sich an.
Sie haben große Schwierigkeiten mit der Kontaktaufnahme.
Es geht nur auf Umwegen und mit Verrenkungen."

Das Bild von 1985 drückt etwas von den „Beziehungsstörungen" aus. Der Wunsch nach Beziehung ist augenscheinlich. Aber es bedarf Verrenkungen, bis eine Verbindung möglich wird.

Mir ist im Laufe meines Lebens bewusst geworden, dass meine Möglichkeiten, etwas durch Mimik und Gestik auszudrücken, erheblich eingeschränkt sind. Ich beobachte das Problem auch bei anderen Autisten. Kein Wunder, dass wir oft missverstanden werden. Wir Autisten sind „komische Typen" und wir tun gut daran – sofern wir dazu in der Lage sind – aufzuklären, warum wir so sind, wie wir sind.

## 12. Warum ich dafür plädiere, dass Kindern aus dem Autismus-Spektrum geholfen wird, Erinnerungen zu bewahren und zu reflektieren

Den folgenden Text, den ich heute kaum anders schreiben würde, entnahm ich dem Buch Dietmar Zöller (Hrsg.): Autismus und Alter. Weidler Buchverlag 2006, S. 79 ff..

Als ich damit begann, über das Thema „Autismus und Alter" nachzudenken und dazu meine Gedanken tagebuchartig aufschrieb, beschäftigte mich die Frage, welche Bedeutung für mich Erinnerungen haben und im Alter haben könnten. Es wurde mir klar, dass bei meiner Förderung alles getan wurde, um mir Erinnerungen zu ermöglichen, obwohl das zu keinem Zeitpunkt ein erklärtes Therapieziel war. Rückblickend staune ich über den Einfallsreichtum meiner Mutter, die Zeit meines Lebens meine wichtigste Therapeutin war. Sie hat nämlich zu einer Zeit, als sie über meine Wahrnehmungsverarbeitungsstörungen noch gar kein detailliertes Wissen haben konnte, mir geholfen, Ordnung in mein Wahrnehmungschaos zu bekommen. Als ich schreiben konnte, habe ich den Satz geprägt: „Am Anfang war das Chaos." Und so war es auch. Was ich hörte, sah und fühlte, passte nicht zusammen, war unverständlich. Und nun wurde mir in einem verhaltenstherapeutischen Training beigebracht, wie ich einzelne Wahrnehmungen isolieren und mit Namen versehen konnte. Ich bekam mehr und mehr eine Ordnung in mein Bewusstsein und konnte mich dann auch an Einzelheiten erinnern.

Ich möchte die Hypothese aufstellen, dass es keine Erinnerung geben kann, wenn es bei dem „Wahrnehmungsbrei" bleibt, den offensichtlich viele Kinder mit einer autistischen Behinderung aushalten müssen.

Wer das Alter bestehen will, sollte etwas haben, an das er sich erinnern kann. Alte Menschen leben von ihren Erinnerungen. Sonst haben sie ja in der Regel nicht viel, womit sie sich beschäftigen können. Bei autistischen Menschen ist das alles noch viel schlimmer. Sie hatten Zeit ihres Lebens Mühe, Beziehungen aufzunehmen, Kontakte zu pflegen. Sie werden zwangsläufig im Alter sehr einsam sein.

Man muss unbedingt den autistischen Menschen, während sie noch jung sind, Erlebnisse verschaffen, an die sie sich erinnern können. In meinem Fall haben gemeinsame Reisen mit meinen Eltern einen positiven Erinnerungswert. Ich werde davon zehren bis an mein Lebensende.

Man könnte aber auch regelmäßig wiederkehrende Rituale so gestalten, dass der autistische Mensch sie nicht vergessen kann. Ich denke zum Beispiel an Rituale im Zusammenhang mit dem Zubettgehen: Musik hören, ein Gebet sprechen, in den Arm genommen werden. Ich könnte mir auch regelmäßige Spaziergänge vorstellen, bei denen jemand ausschließlich für den autistischen Menschen da ist, sich ihm zuwendet, mit ihm redet, auch wenn er keine Antwort erwarten kann. Wichtig ist, dass das alles sprachlich in einer Weise begleitet wird, dass die unterschiedlichen Wahrnehmungen geordnet werden. Vielleicht hilft es auch, wenn man am nächsten Tag an das gemeinsam Erlebte erinnert.

Ich habe die Vermutung, dass nur das Erlebte vom Langzeitgedächtnis bewahrt wird, was eine Struktur bekommen hat. Ich erinnere mich gut an Episoden einzelner Reisen, über die ich etwas geschrieben habe, was ich also strukturiert habe, als das Erlebte noch neu war. Vielleicht erinnere ich mich besser an das, was ich geschrieben habe als an das Erlebte selbst, was durchaus auch chaotisch war.

Ich möchte daraus einen Schluss ziehen: Man sollte autistische Menschen, wenn es eben geht, zum Schreiben bringen. Schreibend lassen sich nämlich die chaotischen Wahrnehmungen bewältigen.

Bei dem Streit um die Gestützte Kommunikation, bei dem es immer nur um die Frage ging, ob die Probanden wirklich selbst schreiben oder ob sie sich vom Stützer beeinflussen lassen, hat man viel zu wenig bedacht, welche Bedeutung das Schreiben haben kann, um besser mit dem Wahrnehmungschaos zurecht zu kommen.

Erinnerung setzt immer Zeitgefühl voraus. Wer sich an etwas erinnert, muss ein Bewusstsein dafür haben, dass etwas vergangen ist und dass das Selbst jetzt in einer anderen Zeit lebt.

Ich selbst habe im Vorschulalter gelernt, Zeitbegriffe zu verstehen und konnte später diese Begriffe richtig einsetzen. Ich lernte das nicht spontan, sondern meine Mutter dachte sich Übungen aus, um mir die Zeitbegriffe nahe zu bringen. Ich lernte mit Hilfe von Fotos, dass meine

Eltern auch einmal Kinder waren, also eine Vergangenheit hatten. Auch lernte ich im Laufe der Zeit, was es bedeutet alt zu sein. Irgendwann begriff ich, dass meine Eltern alt werden und dass ich selbst eine Zukunft habe.

Ein autistischer Mensch lernt das alles nicht von allein. Man sollte das Thema bei der Förderung berücksichtigen. Es reicht aber nicht aus, einmal mit dem Thema konfrontiert zu werden. Man muss immer wieder darauf gestoßen werden, dass unser Leben ein Leben in der Zeit ist, dass unser Leben einen Anfang und ein Ende hat.

Ich halte es nicht für sinnvoll, wenn das Thema Tod ausgeklammert wird. Auch der autistische Mensch hat ein Recht darauf, auf das Sterben vorbereitet zu werden.

Ich kann mich, wie ich an anderer Stelle schon erwähnt habe, sehr gut an den Tod meines Opas erinnern. Ich habe damals täglich darüber etwas geschrieben, so dass das Erlebte und meine Gefühle eine Ordnung bekamen. Ich kann mich sehr gut an alle Einzelheiten erinnern und bin sicher, dass ich diese für mich wichtigen Erinnerungen auch noch im Alter haben werde. Meine Einstellung zum Sterben ist maßgeblich von diesen Erinnerungen bestimmt. Ob ich mich an das Erleben damals auch erinnern könnte, wenn ich nicht darüber geschrieben hätte, bezweifle ich.

Ähnlich ist es mit meinen Erinnerungen an die Geburt und die ersten Lebensjahre meines ersten Neffen, dessen Pate ich wurde. Schreibend verarbeitete ich meine Eindrücke. Unvergesslich ist mir das Staunen über die Entwicklung eines kleinen Menschen. Ich wurde mir bewusst, was Zeit bedeutet und wie Lebenszeit vergeht (…).

Als ich 2016 von der österreichischen Zeitschrift „behinderte Menschen" die Anfrage bekam, ob ich etwas zu dem Thema „Verletzbarkeit und Widerstandskraft" schreiben könne, war mir nicht bewusst, dass ich immer noch schwere Verletzungen aus meiner Schulzeit mit mir herumtrug. Ich war mir lange Zeit nicht bewusst gewesen, wie sehr ich gekränkt wurde, als man in Frage stellte, dass ich es war, der Bilder malte und seine Gedanken aufschrieb. Als im September 2015 Rolf Mayer starb, der mich in der Körperbehindertenschule aufgefangen hatte, kam alles wieder hoch, was ich lange verdrängt hatte. In meinen Büchern „Wenn ich mit euch reden könnte" und „Ich gebe nicht auf" kann man nachlesen, wie es zum Schulwechsel kam und welche Rolle Rolf Mayer fortan in meinem Leben spielte. Ich ging nicht zur Beerdigung, weil ich meine alten Lehrer und den damaligen Schulleiter nicht treffen wollte. Auch autistische Menschen erleben Trauer. Sie haben seltener tiefe Freundschaften als andere Menschen, aber sie können Freundschaften über lange Zeiträume pflegen.

Ich schließe nun den Text **„Verletzbarkeit und Widerstandskraft"**, den ich für die österreichische Zeitschrift „Behinderte Menschen" schrieb, an und werde dann eine Auswahl von Texten präsentieren, die ich anlässlich des Todes von Rolf Mayer zu Papier brachte.

(*In dem folgenden Text geht es um belastende Erinnerungen, die nicht verschwinden*).

Jeder Mensch ist verletzbar. Das ist so, unabhängig davon, ob jemand krank, behindert oder gesund ist. Die Verletzbarkeit gehört geradezu zum Menschsein. Aber der Mensch lernt, sich zu behaupten und entwickelt eine Widerstandskraft gegen mögliche Verletzungen. Wenn er das nicht schafft, hat er kaum eine Chance zu überleben. Verletzlichkeit ist nicht das Problem behinderter Menschen in besonderer Weise. Die, die mit behinderten Menschen täglich umgehen, sind genauso verletzlich und kämpfen um ihr Selbstwertgefühl.

Was bedeutet Verletzbarkeit für mich persönlich? Ich habe früh in meinem Leben das Gefühl gehabt, körperlich verletzt zu werden; denn jedes Hantieren am Körper empfand ich als gewaltsam und schmerzlich. Ich wurde jedes Mal in meiner Ruhe gestört und musste meinen Dämmerzustand verlassen. Aus heutiger Sicht kommt es mir so vor, als hätte ich meinen Rückzug nicht aufgeben wollen. Ich blieb viele Jahre in einem Zustand, der mit Todessehnsucht einher ging. Ich war ja schon im ersten Lebensjahr dem Tode nahe gewesen. Allmählich fand ich ins Leben und begann, in dem mich umgebenden Sinneschaos Brücken zu entdecken, die ich selbsttätig zu überschreiten lernte. Dann begann die Sprache an Bedeutung zu gewinnen, ohne dass ich verständlich sprechen lernte. Meine Mutter verstand mich trotzdem. Und dann kamen die Verletzungen, die nicht körperlicher Natur waren. „Der sagt ja gar nichts." „Ich verstehe nichts." Ich zog mich wieder zurück und wartete auf die, die alles richtig verstand und mir Hoffnung vermittelte, dass ich etwas konnte und vorwärts kam. Aber niemand glaubte, dass ich es war, der begann, das Umfeld zu verstehen. Immer wieder fühlte ich, dass ich dumm bleiben sollte. Das aber ließ ich mir nicht gefallen und entwickelte Fähigkeiten zu lernen, was man mir vorenthalten wollte. „Nun erst recht", das wurde im Schulalter mein Leitsatz. Ich wurde ehrgeizig und lernte viel, wenn niemand zusah. Ich schäumte innerlich vor Wut, wenn über mich geredet wurde, als wäre ich geistig behindert. Ich war es nicht, und meine Mutter hatte Recht, als sie begann, diese Einschätzung in Frage zu stellen. Einsamkeit umgab uns, absolute Einsamkeit, auch wenn viele Menschen um uns waren. Es ist verletzend, wenn man allein gelassen wird und spürt, dass der liebste Mensch, den man hat, mehr und mehr in die Isolation gerät.

Ich schrieb Aufsätze und brachte sie in die Schule. Entrüstung allenthalben. „Das hat er doch nicht geschrieben. Unmöglich! Das war die Mutter mal wieder." Ich war wütend und hätte den Lehrer umbringen können. Ich war doch Ich und schrieb, was ich mir ausdachte. Warum wollte man aus mir ein Nichts machen? Warum wies man meinen Versuch, aus meinem Schneckenhaus herauszukommen, zurück? Sollte ich so bleiben, wie ich angekommen war, so schwach und ohne Selbstbewusstsein? Ich kroch zurück ins Schneckenhaus. Dann kam der Brief der Schulleiterin an meine Eltern. Sie sollten dafür Sorge tragen, dass ich nichts Schriftliches mehr in die Schule trage. Wut, Empörung, Verzweiflung bei mir und meinen Eltern. Einige Wochen blieb ich mit Erlaubnis des Schulrates zu Hause. Da war Holland in Not. Mutter musste trotzdem in die Schule. Keine Schonung für die geplagte Mutter. Ich war verletzt, aber Mutter auch.

Warum eigentlich habe ich so empfindlich auf die Zweifel an meinen Fähigkeiten reagiert? Was passierte mit mir? Ich fühlte mich als Mensch nicht anerkannt und respektiert. Ich fühlte, dass ich abgelehnt wurde und dass man mir nicht zugestehen wollte, dass ich anders war, als man mich eingeschätzt hatte. Ich durfte nicht Ich sein.

Als mein erstes Buch erschienen war, erhielt ich zahlreiche anerkennende Briefe. Auch gab es Rezensionen, die mich aufbauten. Aber es gab auch eine böse Reaktion von einem Vater mit einem schwer autistischen Sohn. Er wollte etwas gegen mich schreiben, was er aber nie getan hat. Der Mann war Journalist und saß im Rollstuhl. Von ihm habe ich mich gar nicht so sehr verletzt gefühlt. Ich konnte seine Beweggründe nachvollziehen.

Sehr eindrücklich war ein Erlebnis in einer Gruppe, die wir Schreibwerkstatt nannten. Alle Teilnehmer/innen kommunizierten mit Hilfe der Gestützten Kommunikation (FC). Zu einer Gruppensitzung brachte die Gruppenleiterin einen Aufsatz mit, in dem FC abgelehnt und lächerlich gemacht wurde. Alle saßen da und starrten auf ihren Laptop. Unsichtbare Tränen flossen in Strömen. Die Gruppensitzung musste unterbrochen werden. Verletztheit allenthalben. Hoffnungen waren mit einem Federstrich zunichte gemacht.

Ich muss aber noch von anderen Verletzungen berichten. Es gab ja auch im Erwachsenenalter immer wieder Ausbrüche, die für mich beschämend waren, die ich aber nicht verhindern konnte. „Meine Nerven spielen verrückt." So erklärte ich mein ungebührliches Verhalten. In meinem Gehirn lief etwas falsch. Ich konnte den Willen nicht einschalten. In solchen Phasen erlebte ich es als verletzend, wenn man mich behandelte wie ein ungezogenes Kind. Es ist schlimm genug, wenn man realisiert, dass man Sachen macht, die die Mitmenschen ängstigen und verstören. Es gibt Momente, wo man das Fehlverhalten klar erkennt, es aber trotzdem nicht stoppen kann. Wie kann ich meine Menschenwürde erhalten, wenn ich mich sichtbar unwürdig verhalte? Da kann ich nur betteln und bitten: Ertragt mich, ohne mich zu verachten. Ich will ja Ich bleiben und habe Angst, mein Ich, meine Identität, zu verlieren.

Verletztsein ist ein Ohnmachtsgefühl, das die Lebensgeister lähmt. Das Schlimmste ist aber die Passivität, das Verharren im Gefühl, dass andere Menschen mich niederhalten wollen. Aus diesem Gefühl nicht ausscheren zu können, ist Selbstaufgabe. Ich will Ich sein und bleiben, egal was Menschen mir antun. Ich lasse mich nicht mehr verletzen. Ich weiß heute, was ich wert bin.

Verletzlichkeit gehört zum Menschsein und betrifft nicht nur die Schwachen. Die Verletzlichkeit anderer Menschen wahrnehmen zu können, ist ein hohes Gut. Auch Menschen aus dem Autismus-Spektrum sollten in therapeutischen Gruppen lernen, wenigstens ansatzweise die Verletzlichkeit der Mitmenschen wahrzunehmen. Ich habe die

Erfahrung gemacht, dass ich zunehmend spüren konnte, wenn jemand verletzt war.

Wie kann man erreichen, dass ein verletzter Mensch wieder selbstbewusst wird und neuen Lebensmut aufbaut? Diese Frage ist besonders im Vorschul- und Schulalter von Bedeutung. Wie schwer tun sich doch manche Pädagogen damit, das Verhalten der Kinder nicht in Noten zu pressen. Ich finde, dass man darauf verzichten sollte, das Verhalten zu bewerten. Bewertungen verletzen und sind nicht auf Veränderung angelegt. Wichtiger ist, dass der Mensch in die Lage versetzt wird, sein Verhalten zu reflektieren.

Zusammenfassend möchte ich betonen, dass behinderte Menschen Ermutigung brauchen und dass Strafen für „Fehlverhalten" meist gar nichts bringen, weil oft gar nicht verstanden wird, wie Strafe und Verhalten zusammen hängen. Hinzu kommt, dass das, was als Fehlverhalten angesehen wird, oft nicht dem Willen unterliegt, also etwas mit Fehlschaltungen im Gehirn zu tun hat.


### Erinnerung an einen Menschen, der mir wichtig war

Es war an einem heißen Sommertag, als ich auf meinem Bett lag und grübelte. Ich hatte vor wenigen Tagen erfahren, dass mein Freund, der mal mein Lehrer gewesen war, Krebs hatte und vor der zweiten Chemo stand. Ich dachte pausenlos an den Freund, der mir 25 Jahre lang die Treue gehalten hatte. Wie war das damals gewesen, als ich in Rolfs Klasse gekommen war? Rolf war ein junger Mann mit kurzen Haaren, den seine Schülerinnen und Schüler mochten. Er behandelte alle gleich, scherzte viel und gab den Schülerinnen und Schülern das Gefühl, gut gelitten zu sein. Ich kam als gebranntes Kind in die neue Schule. Ich galt als extrem schwierig, und meiner Mutter eilte der Ruf voraus, uneinsichtig zu sein. Sie wollte, so nahm man an, nicht wahrhaben, dass ich intellektuell beeinträchtigt war. Ich sprach nicht und gab für Außenstehende nicht zu erkennen, dass ich verstand, was behandelt wurde. Doch meine Mutter bestand darauf, dass ich es war, der die Aufsätze schrieb, die ich in die Schule brachte.

Einmal sollten wir einen Aufsatz schreiben. Wir sollten eine Person beschreiben, das äußere Erscheinungsbild und das, was die Person ausdrückte. Ich wählte den Lehrer aus, der seit einigen Monaten der Klasse den Deutschunterricht erteilte. Das wurde ein Eklat. Niemand konnte sich vorstellen, dass ich den Aufsatz geschrieben hatte. Das konnte nur meine Mutter gewesen sein. Die Beziehung war fortan vergiftet und es wurde notwendig, für mich eine neue Schule zu suchen. Und so kam ich zu Rolf und blieb in dessen Klasse bis zur Schulentlassung.

Ich dachte nach: Warum mochte ich Rolf? Der war ehrlich und machte niemanden etwas vor. Rolf war stolz auf mich, seinen ehemaligen Schüler, der inzwischen mehrere Bücher veröffentlicht hatte. Rolf war längst klar geworden, dass meine Mutter Recht gehabt hatte. Ein langes Telefongespräch zwischen Rolf und meiner Mutter machte mir klar, wie sehr Rolf meine Mutter schätzte und wie sehr er sich immer noch schämte, dass meine Mutter damals so schlecht behandelt wurde. Und nun hatte Rolf selbst angerufen, um mitzuteilen, warum er sich nicht mehr gemeldet hatte. Krebs. Ich wurde sehr traurig und nachdenklich. Warum durfte ich leben, während andere vom Tode gezeichnet wurden? Ich schrieb einen Brief, ohne zu wissen, ob Rolf ihn lesen konnte.


Lieber Rolf,
ich denke viel nach und erinnere mich an unsere ersten Begegnungen. Meine Empfindungen von damals sind keineswegs ausgelöscht. Ich habe mal ein Bild von Dir gemalt, aus heutiger Sicht kein besonderes Kunstwerk, aber es war der Versuch, meine ersten Eindrücke festzuhalten. Ich hatte das Gefühl, dass Du ehrlich bist. Wie Du mit Deinen Schülern umgingst, flößte Vertrauen ein. Deine Späßchen waren harmlos, nie kränkend oder ironisch. Deine Schüler mochten Dich, und ich, der Neue, wollte auch gern, dass Du mich magst. Ich war komisch, komischer als alle anderen in der Klasse.
Dein Chef gab sich Mühe, seine Vorbehalte zu verbergen, aber ich durchschaute, dass er mich für geistig behindert hielt.
Ich buhlte um Deine Zuneigung, später um Deine Freundschaft, war manchmal aufdringlich.

Als es um mein erstes Buch ging, hast Du dicht gehalten. Was wäre wohl passiert, wenn Deine Kollegen und der Chef erfahren hätten, dass ein Buch in Vorbereitung ist?
Lieber Rolf, ich weiß, dass Du mir nicht antworten kannst. Ich habe ja die Telefonate mit Mutter verfolgt. Mein Supergehör macht es möglich. Ich denke viel an Dich und bete, dass Du die Schmerzen ertragen kannst.

Dein
Dietmar


Ich habe Erfahrung mit Abschied nehmen. Der Tod ist unausweichlich. Man sieht den Menschen nie wieder. Normalerweise vergisst man den Menschen nach einiger Zeit. Aber das Vergessen ist bei mir nicht möglich. Alles ist im Gehirn gegenwärtig und blockiert das Handeln. Meine Zeit mit Rolf ist gegenwärtig wie vor 20 Jahren. Ich wollte ihn für mich gewinnen. Darum die vielen Briefe. Und dabei wusste ich sehr wohl, dass er auch Schattenseiten hatte. Das hat er auch gar nicht verschwiegen.

## 13. Bilder, die ich malte, als ich die Lebensmitte überschritten hatte

Meine Bilder – das bin ich. Ich male, was in der Seele brennt. Da kommt was heraus, was brodelt und siedet. Ich bin ein differenzierter Mensch mit reifen Gefühlen. Was meine Mutter früh angeregt hat, das hat sich weiter entwickelt. Aber ein Künstler bin ich deswegen nicht. Da fehlt mir die Technik.

### Eine Auswahl von Bildern, die ich mit Acrylfarben malte

Wie meine Bilder entstehen. Ich habe kein Konzept, sondern fange einfach an. Dann reagiere ich auf die ersten Farbeindrücke und beginne die Farben zu gestalten. Dann erst beginne ich zu überlegen, was ich ausdrücken könnte.

*Blaue Phantasien, 2013*

Eine autistische Frau allein
unterwegs zwischen Eisbergen.
Sie schwebt auf dem Eis
ohne Bodenhaftung.
Das wärmende Licht
hat sie noch nicht entdeckt.

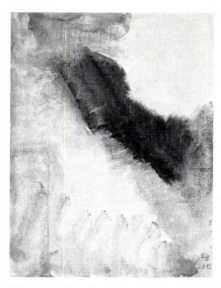

*Unerreichbarkeit des Lichtes, 2013*
Ausgeschlossen vom sonnendurchfluteten Grün,
Kälte im Sommer.
Wer hilft dem Autisten,
das Licht zu erreichen?

*Lebensschiff mit Sohn und Mutter, 2014*

Keiner weiß, wohin die Reise führt. Gefahren werden angedeutet, bestimmen aber das Bild nicht.

Das Bild steht im Mittelpunkt des Universums. Es ist nicht erkennbar, wohin die Reise geht. Auf jeden Fall sieht es nicht so aus, als wolle das Schiff kentern. Da gibt es sogar einen sonnendurchfluteten Bereich. Das Lebensschiff ist eigentlich ein Schiff für eine Person. Bei diesem Schiff bleibt die Mutter im Boot und dirigiert den Sohn durch die Wellen. Aber der Sohn dirigiert sich selbst und drängt die Frau an die Seite.

*Liebe zum autistischen Kind, 2014*

Ein Bild mit Symbolcharakter. Auf den ersten Blick ist nicht deutlich, ob der Vater oder die Mutter mit dem Kind liebevoll verbunden ist. Der genaue Betrachter erspürt die symbiotische Beziehung zwischen Eltern und Kind. Es ist ein Leben zwischen sonniger Landschaft und eisbedeckten Hügeln, ein Leben zwischen Hoffnung und Verzweiflung.

*Sehnsucht und Verzicht, 2014*
Eine Frau kann einen Autist nicht glücklich machen. Darum ist Verzicht angezeigt.

*Faszination Wüste, 2014*
Ich denke an die Sahara und die Gobi, Orte, an denen ich glücklich war.

*Verschlossen, 2014*

Dem Autisten bleiben viele Lebensbereiche verschlossen. Aber das verschlossene Haus ist auch ein Bild für die verschlossene Persönlichkeit.

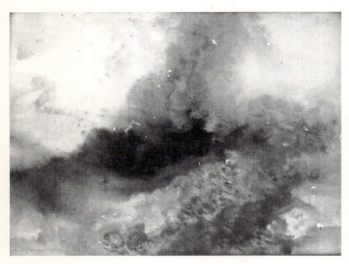

*Vulkan, 2014*
Ich fühle mich oft wie ein Vulkan, der vor dem Ausbruch steht.

*Isländische Impressionen, 2013*
In Island fand ich eine Landschaft, die meine Empfindungen widerspiegelte. Brodelnde, dampfende Quellen, Vulkane, Wasser, Hügel mit spärlicher Vegetation, aber auch Eisfetzen, die im Wasser schwammen.
In mir befinden sich Vulkane, die vor dem Ausbruch stehen. Daneben bekämpfen sich Wasser und Eis. Was gerade die Oberhand behält, steht nicht in meiner Kraft. Isländische Impressionen. Dazu gehören düstere Regentage und wärmende Sonnenstrahlen am Morgen.
Das Leben mit Autismus kann sehr bunt ausfallen, bleibt aber voller Gegensätze bis ins fortgeschrittene Alter.

*Ratloser Arzt, 2014*
Wenn mir doch ein Arzt helfen könnte!

*Flüchtlingsströme, 2015*
Das Bild gehört in eine Serie von 15 Bildern, in denen es um Sehnsucht, Angst und Unsicherheit geht.

## 14. Sprache und Sprechen – Faszination und harte Arbeit

Gibt es eine Möglichkeit, die nicht spontan entwickelte Lautsprache anzubahnen und zu entwickeln?

Diese Frage möchte ich mit aller Vorsicht und Zurückhaltung beantworten. Ich selbst arbeite mit Hilfe meiner Mutter immer noch daran, lauter und deutlicher zu sprechen. Es war stets eine entsagungsvolle Arbeit und ist es noch. Mit großer Neugier habe ich die Bemühungen von Toni aus Mecklenburg-Vorpommern verfolgt, als er im Herbst 2016 mit seinem Vater eine Woche bei uns zu Besuch war. Jeden Tag hat meine Mutter versucht, ihm ein Wort zu entlocken. Einziger Erfolg: Wenige Stunden vor der Abreise reagierte er ärgerlich und laut mit einem "Hey", als ich oben im Haus die Tür knallte. Ich war sehr überrascht, als ich folgenden Text vom 4.1. 2017 las, den Toni mit Hilfe seiner Kartentastatur geschrieben hatte.

WIE IHR WISST
IN EURER WELT ARTIKULIEREN SICH PERSONEN UEBER LAUTSPRACHE:
ICH MACHE DA EINE AUSNAHME!
RIESIGE ANSTRENGUNG IST ES; IN EURER SPRACHE EIN EINZIGES WORT AUSZUSPRECHEN!
ICH HABE IN DIESEM JAHR ANGEFNGEN; EINZELNE WORTE AUSZUSPRECHEN:

Tonis Vater berichtete, dass Toni wirklich begonnen habe, einzelne Wörter auszusprechen. „Wir wissen jetzt, dass er es immer schon probierte; aber wir haben es nicht erkannt."


**Auf dem Wege, meine sprachliche Kommunikation zu verbessern**

Was ich mir wünsche: mehrere vertraute Personen, die bereit sind, mit mir in einen Dialog zu treten, auch wenn das mühsam ist und nicht ohne die Anwesenheit meiner Mutter gelingt. Ich mache die Erfahrung, dass zwanglose Gespräche unterhaltsam sein können. Man lernt dabei, auch Mimik und Gestik des Gegenübers zu lesen. Es gibt viele

Überraschungen. Die Mimik eines Menschen lesen zu lernen, ist schwierig für einen Autisten, weil man ohne Blickkontakt wenig mitbekommt. Ich habe für mich eine Art des Sehens geübt, die nicht zu erkennen gibt, dass ich das Gesicht des Gegenübers anschaue, mir aber tiefe Einblicke ermöglicht. Die Probleme, die von Beginn an hinsichtlich des Blickkontaktes bestanden, sind nicht etwa überwunden, aber es hat sich bestätigt, dass ein peripheres Sehen den fehlenden Blickkontakt so kompensiert, dass die Mimik des Gesprächspartners wahrgenommen werden kann.

„Als nichtsprechender Autist in fremden Ländern". Das ist der Titel meines im Juni 2015 herausgekommenen Buches. Eigentlich stellt die Etikettierung „nichtsprechend" eine Untertreibung dar. Ich beherrsche meine Muttersprache außerordentlich gut. Was mir fehlt, ist die motorische Umsetzung dessen, was ich ausdrücken möchte.

Was meinen Mund verlässt, verstehen fremde Personen nicht. Kaum einer gibt sich die Mühe hinzuhören. Komischerweise versteht mich Mutter mühelos. Sie hört aber auch hin, wenn ich etwas sage. Nach einer herben Enttäuschung mit einer Person, die eingestellt wurde, um meine Kommunikationsfähigkeit zu fördern, gibt es nun Palma, die mich verstehen will und immer besser wird. Und dabei ist Deutsch nicht ihre Muttersprache. Sie ist Italienerin, hat viele Jahre bei uns geputzt, bis meine Mutter sie für mich entdeckte.

Gespräche zu Dritt offenbaren meine bisher versteckten kommunikativen Fähigkeiten. Es gibt viel zu lachen und zu staunen. Wer ahnte, dass ich Witze machen kann, dass ich Humor habe und Ironie gekonnt einsetzen kann. Mein Ziel ist es zu erreichen, dass einfache Gespräche möglich werden, ohne dass meine Mutter anwesend sein muss.

Ich übe auch wieder – wie so oft in meinem Leben – die deutliche Aussprache.

Es ist ein Problem der Körperwahrnehmung und des motorischen Ausdrucks, wenn ich die Konsonanten nur andeute und nicht richtig artikuliere. Wenn ich ein Wort mehrere Male wiederhole, tritt ein Übungseffekt ein und es wird besser. Es ist, als müsste ich erst den Weg bahnen für den Bewegungsablauf. Dass diese Art des Übens Reminiszenzen an meine schreckliche Kindheit wachruft, liegt auf der

Hand. Ich kompensiere meinen Frust, indem ich albern werde oder ein Wort herausschreie, wenn mir das gelingt.

## „Wort – Schätze"

Es liegt schon einige Jahre zurück, dass ich mit dem Begriff „Wort-Schätze" konfrontiert wurde. Ulrike Geist rief autistische Personen auf, ihre Gedanken und Gefühle aufzuschreiben. Als mögliche Anregung lieferte sie eine Reihe von Begriffen, zu denen man etwas schreiben könne. Ich spielte mit und blieb an dem Begriff „Wort-Schätze" bis heute hängen. Es lohnt sich, die Muttersprache unter die Lupe zu nehmen und vertieft darüber nachzudenken, was ein Wort für mich bedeutet. Wörter können zu Schätzen werden. Sie füllen sich mit Bedeutungen, an die man erst denkt, wenn man sich in sie vertieft und sie auf das eigene Leben bezieht. Es kann vorkommen, dass ein Wort für einen autistischen Menschen eine ganz besondere Bedeutung hat, so dass der Gebrauch des Wortes etwas über die autistische Besonderheit aussagt. Was mir zu einzelnen Wörtern einfiel, ist biographisch geprägt. Ich wollte keinesfalls Definitionen von Begriffen liefern.

Wenn ich aufschreibe, was mir zu einem Wort einfällt, wird dieses Wort zu etwas Besonderem in meinem Wortschatz. Der Begriff „Wortschatz" weist darauf hin, dass die Wörter, die ich benutzen kann, nicht nur Vokabeln sind, sondern oft eine Fülle von Bedeutungen und Konnotationen in sich tragen. Mein Wortschatz ist tatsächlich ein Schatz, der es mir möglich macht, meine Gedanken und Gefühle differenziert zum Ausdruck zu bringen. Ich finde es spannend, Begriffe auszuwählen und aufzuschreiben, was mir dazu in den Sinn kommt. Insofern war es für mich wie ein Spiel, als ich mich auf den Aufruf von Ulrike Geist einließ und mir z.B. Gedanken zu den folgenden Begriffen machte.

*Verlust*

Oma lebt nicht mehr.
Ich habe sie verloren,
was aber nicht stimmt,
denn sie lebt weiter

in den Geschichten,
die ich von ihr erzähle.

Freunde kommen nicht mehr.
Ich habe sie verloren.
Was ich nicht glauben will.
Sie leben weiter in meinen Geschichten,
auch wenn sie nichts davon wissen.

Etwas zu verlieren, kann ein Verlust sein
oder nicht.
Was verloren ist,
das brauchen wir oft gar nicht mehr
Wir vergessen,
dass wir es besessen haben.

Mit Menschen verhält es sich anders.
Sie hinterlassen Spuren
in der Erinnerung.
In der Erinnerung kann ich Liebe empfinden,
Freude noch einmal erleben
und mich geliebt fühlen.
Im Leben erleide ich viele Verluste,
aber ich gewinne auch Neues,
das Altes ersetzen kann.
Verlustängste sind irrational, unnötig
und verbauen die Sicht auf Neues,
das zu erleben sich lohnt.

*Trauer*

Trauer über Verlorenes,
über gelebtes Leben,
über verlorene Kräfte,
über verpasste Chancen,
über Reisen, die nicht stattfanden,
über Freunde, die wegblieben,
über Eltern, die alt wurden.

Unausprechbar sind Trauergründe.
die den Kopf beschweren.

Ich stehe vor einer Trauerweide
in Gedanken versunken.
Woher hat der Baum seinen
beziehungsreichen Namen?
Wenn ein Mensch trauert,
beugt er sich zur Erde.
Demütig erscheint die Trauergeste.
Trauer hat etwas mit Demut gemein.
Ich mache mich klein.
Erhobenen Hauptes geht keiner einher,
der um einen Menschen trauert, den er verlor.
Die Sterblichkeit allen Lebens
symbolisiert die Trauerweide.
Und doch vermittelt der unscheinbare Baum Hoffnung,
denn er grünt nach einem trostlosen Winter
wie alle Pflanzen, deren Daseinssinn
Vergehen und Auferstehen ist.

*Leben*

Ich wurde nicht gefragt, ob ich leben will.
Ich war plötzlich da und sollte mich entwickeln.
Es passierte etwas Schreckliches.
Ich stand vor dem Tor zur Ewigkeit
und hatte das Tor fast passiert,
da wurde ich gewaltsam zurückgeholt.
Niemand hat mich gefragt,
ob ich weiterleben will.
So ist es bis heute:
Ich muss leben,
obwohl ich manchmal lieber
in der Ewigkeit wäre.

*Angst*

Angst kommt von Enge.
Wenn jemand in die Enge getrieben wird,
erlebt er Ausweglosigkeit.
Wohin mit der Körperkraft?
Schlagen, drücken, springen, schreien, beißen.
Wohin, wohin?
Schaff mir den Ausweg,
den Pfad aus der Enge!
Halt mich nicht fest,
lass mich laufen.
Bewegung schafft Freiheit
Ich brauche den freien Raum
für meine Entfaltung.
Ich erlebe keine Angst,
solange ich mich bewegen kann.


*Hoffnung*

Hoffnung ist ein Wort, das ich besser nicht kennen sollte.
Was Hoffnung bedeutet, habe ich noch nicht erfahren.
Hoffnung haben die anderen.
Sie stellen sich vor, was sich zum Guten verändern sollte.
Hoffnung verblendet, macht blind in der Realität.
Hoffnung bezieht sich auf Irrationales,
lässt sich nicht rational begründen, kommt nie ans Ziel.
Ich habe keine Hoffnung.
Ich stelle mich der Wirklichkeit.
Was immer auch kommen mag,
ich bin nicht überrascht, wenn es schlimmer ausgeht,
als ich erwartet habe.


*Wahrheit*

Ich sage die Wahrheit,
und doch lüge ich,
weil ich nicht alles sage,
was ich denke

Andere sagen mir nicht die Wahrheit,
weil sie meinen mich schonen zu müssen
Sag die Wahrheit!
Möchte ich allen zurufen,
die mit mir zu tun haben.
Ich spüre es körperlich,
wenn die Lüge verpackt wird in freundlichen Worten
Ich will Wahrheit, nichts als Wahrheit.

Ich will die Wahrheit erfahren
und weiß doch gar nicht, was Wahrheit ist.
Wahrheit als Abstraktum beschäftigt die Philosophen,
mich aber nicht.
Wahrheit ist für mich etwas, was mir mein Gegenüber vermittelt.
Ich muss mich darauf verlassen, was der andere mit seinem Körper
ausdrückt.
Sagt er etwas anderes mit dem Mund als mit dem gesamten Körper,
bin ich verunsichert,
werde unruhig und gerate in Panik.
Sag die Wahrheit
und ich verkrafte sie.


*Vertrauen*

Wem vertraue ich vorbehaltlos?
Niemandem.
Alle Menschen, die ich kenne,
spielen zuweilen Theater,
verstellen sich und
lügen sich in die eigene Tasche.

Wie soll ich Vertrauen haben,
wenn mir die Wahrheit vorenthalten wird?
Warum redet man mit vorgehaltener Hand,
wenn ich in der Nähe bin?
Ich verkrafte die Wahrheit und
möchte, dass man mir vertraut.
Dann kann ich auch vertrauen.

*Glaube*

Wenn ich etwas über das Wort „Glaube" schreibe, meine ich den christlichen Glauben, der mir viel bedeutet. Ohne diesen Glauben müsste ich verzweifeln und wäre jemand, der alles zerstört, was nicht in sein Weltbild passt. Ich glaube an Gottes Liebe und daran, dass ich kein Zufallsprodukt bin. Ich bin gewollt und dass ich lebe, ist Gottes Wille. Ich bin auch sicher, dass mir meine Mutter gegeben wurde, damit sie an und mit mir alles ausprobiert, was anderen Menschen mit einem solchen Schicksal helfen kann. Ich will aber nicht verschweigen, dass ich andere Glaubensrichtungen, sprich andere Religionen, als gleichwertig anerkenne, ohne in Gefahr zu geraten, meine Religion zu verraten.

*Liebe*

Zu abgegriffen ist das Wort,
als dass ich es als „Schatz" aufnehmen möchte.
Ich will mich nicht mit diesem Wort beschäftigen,
weil mir die Erfahrungen fehlen,
von einer Frau geliebt zu werden
bzw. eine Frau zu lieben.
Meinem Leben fehlt eine bedeutsame Erfahrung,
die aber,
und so viel verstehe ich vom Leben,
oft ins Unglück führt;
so dass nur Enttäuschung übrig bleibt.

## 15. Ich bin nicht erwerbstätig, und doch arbeite ich

In meinem Weihnachtsrundbrief 2016 habe ich aufgelistet, was ich in dem zurückliegenden Jahr alles veröffentlicht habe.

- Ungewöhnliche, sich wiederholende Bewegungsmuster und motorische Behinderungen mit Auswirkungen auf die Handlungsfähigkeit. In: Georg Theunissen (Hrsg), Autismus verstehen, Außen- und Innensichten, 1. Aufl. 2016, S. 146 – 157.
- Verletzbarkeit und Widerstandskraft. In: behinderte menschen 2, 2016
- Die Gestützte Kommunikation ist für nichtsprechende Autisten unverzichtbar. In: behinderte menschen 3, 2016

Dann habe ich ein Buch von dem Inder Tito Mukhopadhyay aus dem Englischen übersetzt. Titel des in den USA erschienen Buches: How can I talk if my lips don't move. Der Weidler Verlag hat das Buch 2017 herausgegeben.

Angeberei? Nein! Ich möchte darauf hinweisen, dass ich zwar „Geld vom Amt" beziehe, „unverdientes Geld", wie mal eine Frau bemerkte, dass ich aber nicht untätig bin. Leider verdiene ich mit dem Schreiben so wenig, dass ich meinen Lebensunterhalt nicht davon bestreiten kann. Ich verdiene weniger als jemand, der eine Werkstatt für Behinderte besucht, werde auch niemals eine Rente beziehen.

Nachdem ich ein Buch veröffentlicht hatte, wurde ich in die Künstlersozialkasse aufgenommen. Nun sind 12 Bücher von mir auf dem Markt, keine Bestseller, aber Sachbücher, die nachfolgenden Generationen von Autisten, ihren Eltern und Bezugspersonen helfen sollen, das Problem Autismus besser zu verstehen. Aus der Künstlersozialkasse flog ich schon bald wieder raus, weil ich nicht erfolgreich genug war.

Ich habe keinen Grund zu klagen, denn der Staat sorgt für mich. Probleme habe ich trotzdem: Ich bin nicht ausgelastet. Begierig greife ich nach jedem Schreibauftrag, auch wenn es kein Honorar gibt.

**16. Wie kann man autistische Menschen auf das Alter vorbereiten?**

- Man soll die autistischen Menschen feinfühlig darauf vorbereiten, dass es eine Zeit ohne Eltern geben wird.
- Krankheit, Sterben und Tod sind Erfahrungen, die man den autistischen Menschen nicht ersparen kann. Eine sensible Begleitung ist notwendig.
- Ohne die Erfahrung von Hautkontakt kann man Geborgenheit nicht erleben. Man kann den Hautkontakt möglich machen, indem man vorsichtig versucht, den Körper zu berühren, wobei u. U. ein festes Zupacken hilfreicher sein kann als eine zarte Berührung.
- Man sollte Erlebnisse sprachlich begleiten und nachbereiten, so dass Erinnerungen möglich werden.
- Man sollte alltagspraktische Fertigkeiten weiter fördern, um ein selbständigeres Handeln wenigstens in Teilbereichen möglich zu machen.
- Man sollte autistische Menschen mit schönen Gegenständen umgeben, dazu gehören auch Blumen, in der Hoffnung, dass sie eine Freude daran entwickeln.
- Man sollte viel Musik anbieten und herausfinden, welche Musik jemand bevorzugt.
- Man sollte immer im Auge behalten, dass der autistische Mensch seinen Körper spüren können muss. Laufen und andere körperliche Aktivitäten dürfen nicht vernachlässigt werden.
- Körper und Kleidung müssen gepflegt aussehen. Es geht um das Selbstwertgefühl und die Akzeptanz der Umwelt.

## 17. Erinnerungen und Ausblick
(aus meinem Weihnachtsrundbrief 2017)

Ich denke an das Jahr 1969, als ich in Balige am Tobasee in Nordsumatra das Licht der Welt erblickte. Niemand dachte an Unheil. Niemand hatte je einen Gedanken darauf verschwendet, das Kind, das geboren werden sollte, könnte in irgendeiner Weise unvollkommen sein. Wussten meine Eltern überhaupt, was „Behinderung" bedeutete? Das Wort Autismus hatten sie noch nie gehört – vermute ich.

Reisen können wir aus mancherlei Gründen nicht mehr. Ich lebe in meinen Erinnerungen und bin glücklich, dass ich so viel erlebt habe. Reisen gibt es nur noch in der Fantasie.

Ich weiß, dass nichts so bleiben wird, wie es ist. Meine Eltern werden alt. Ich brauche eine Assistenzkraft. Ab dem 1. Januar ist Palma fest bei mir angestellt. Ich kenne sie lange genug und sie mich, so dass wir uns ohne Vorbehalte aufeinander einlassen können. Wir freuen uns beide, dass die Behörden mitspielen, so dass wir eine Lösung auf lange Sicht gefunden haben. 2015 schrieb ich in meinem Weihnachtsrundbrief über Palma:

*Palma*

*Die ruhige und bedachte.*
*Bei ihr bin ich sicher*
*und fröhlich und weiß,*
*dass ich angenommen bin.*
*Wir verstehen uns ohne Worte,*
*aber wollen die Wortverständigung anstreben.*
*Freundschaft und Verstehen,*
*das brauchen Autisten*
*wie jeder Mensch.*
*Aber wie soll das gelingen*
*bei wortloser Verständigung?*
*(2015)*

Weihnachten 2017 können Palma und ich verkünden: Mit der „Wortverständigung" hat es inzwischen geklappt. Sie versteht meine leise und undeutliche Sprache immer besser.

*Weihnachten 2017*

*Nachdenken*
*Über Flüchtlinge in*
*Deutschland,*
*Über Frieden bei*
*Uns und anderswo.*

*Nachdenken*
*Über Menschen,*
*Die anders sind,*
*Einsam und*
*Unverstanden.*

*Nachdenken*
*Über Freundschaften*
*In Vergangenheit und*
*Heute.*
*Welch ein Geschenk ist*
*Freundschaft.*

**Über Freundschaften**
Jetzt, in der Vorweihnachtszeit und wenige Tage vor meinem 48. Geburtstag, denke ich darüber nach, was mir Freundschaft bedeutet. Man meint ja immer noch, dass autistische Menschen nicht in der Lage sind, Freundschaften einzugehen und zu leben. Den nicht sprechenden Autisten traut man erst recht nicht zu, Freundschaft empfinden zu können. Ich selbst erlebe mit fast 48 Jahren eine tiefe, beglückende Freundschaft. Diese Freundschaft ist etwas Besonderes und Wertvolles. Und nun beginne ich darüber nachzudenken, wie das in der Vergangenheit mit Menschen war, deren Freund ich sein wollte.

In meinem emotionalen Gedächtnis ist mancher Augenblick gespeichert, den ich als Glück empfunden habe. Es begann damit, dass mir, als ich 11 Jahre alt war, in der Schule für Körperbehinderte ein Zivi zugeteilt wurde, den ich vom ersten gemeinsamen Augenblick an sehr mochte. Ein Foto von mir, aufgenommen an seinem letzten Tag in der Schule, zeigt, dass ich meinen Schmerz mimisch ausdrückte, was mir selten gelang.

Nach einem Schulwechsel, ich war ca. 15 Jahre alt, buhlte ich um die Freundschaft meines neuen Klassenlehrers, dem ich viele Briefe schrieb. Er blieb mein Freund bis zu seinem traurigen Krebstod vor zwei Jahren. Seine Tochter fand in seinem Nachlass ein dickes Bündel mit den Briefen, die ich ihm geschrieben hatte. Obwohl ich den Stempel „autistisch" zu Recht trage, empfinde ich Trauer sehr intensiv.

Und dann gab es jenen Zivi, der Schüler meiner Mutter gewesen war und für fast zwei Jahre mein Weggefährte wurde. Mit Frau und Tochter feiert er meinen 48. Geburtstag mit mir.

Die Freunde, die ich jetzt gerade in mein Gedächtnis gerufen habe, schenkten mir viel, aber auch ich konnte ihnen etwas geben. Sie fühlten sich beschenkt von mir. Was ist das Geheimnis einer Freundschaft? Faszination, die von einem Menschen ausgeht, ohne dass man begründen könnte, warum man von der Person fasziniert ist.

Was ich auch schon in anderen Zusammenhängen beschrieben habe, kann ich heute zusammenfassend bestätigen: Ich nehme eine Person, die ich noch nicht kenne, als erstes intuitiv wahr. Ich erlebe, ob jemand authentisch ist. Das macht die Faszination aus. Die visuelle Wahrnehmung einer Person gestaltet sich schwierig, weil ich in Gedanken Puzzleteile zusammensetzen muss. Die Wahrnehmung der Augen des Gegenübers geschieht spät oder gar nicht. Wenn ein Augenkontakt kurz zustande kommt, ist sozusagen der Funke übergesprungen. Eine Freundschaft kann beginnen und wächst mit jeder Begegnung.

Ich möchte behaupten, dass ich trotz der Autismus-Diagnose ein guter Freund sein kann. Keineswegs bin ich nur auf mich bezogen. Andere Menschen interessieren mich, manche faszinieren mich. Wenn ich wie andere Menschen verständlich und laut sprechen könnte, würde manch einer gern mit mir zusammen sein und meine Freundschaft suchen.

**Weitere Bücher über Autismus**

**Dietmar Zöller:** *Wenn ich mit euch reden könnte…*
*Ein autistischer Junge beschreibt sein Leben aus seiner Sicht*
Auch ein Stück Zeitgeschichte. Dietmar Zöller ist der erste deutsche Autist, der sich nur übers Schreiben mitgeteilt hat.

**Dietmar Zöller:** *Ich gebe nicht auf. Aufzeichnungen und Briefe eines autistischen jungen Mannes, der versucht, sich die Welt zu öffnen*
„Ich gebe nicht auf" ist das zweite Buch von Dietmar Zöller nach seinem überraschenden Erfolg und wurde in mehrere Sprachen übersetzt.

**Dietmar Zöller:** *Kathrin ist autistisch. Die Geschichte eines besonderen Mädchens*
Die Geschichte einer nonverbalen Autistin von der Kindheit bis zu ihrer Ausschulung. Eine Geschichte mit autobiografischen Anteilen. ISBN 978-3-945668-12-2

**Dietmar Zöller:** *Als nichtsprechender Autist in fremden Ländern. Das Unterwegssein als Chance erleben*
Dieses Buch ist eine großartige Sammlung von Reiseberichten aus nahen und fernen Ländern. ISBN 978-3-945668-25-2

**Michael Schmitz**: *Alles über Autismus. Mit Beiträgen von Melanie Matzies-Köhler, Dietmar Zöller u.v.a.*
Alles in diesem Buch ist über Autismus: Bücher, Magazine, Blogs und Filme. Ein Buch zum Blättern und Entdecken. ISBN 978-3-945668-23-8

**Temple Grandin**: *Durch die Gläserne Tür. Lebensbericht einer Autistin*
Das erste Buch einer Autistin überhaupt. Spannend und auch ein Stück Zeitgeschichte. Die bekannteste Autistin der Welt.
ISBN 978-3-945668-03-0

**Temple Grandin**: *Ich bin die Anthropologin auf dem Mars. Mein Leben als Autistin*
So bezeichnete sie sich in einem Gespräch mit Oliver Sacks - und das wurde so zum Titel seines weltbekannten Buches.

**Temple Grandin**: *Ich sehe die Welt wie ein frohes Tier. Eine Autistin entdeckt die Sprache der Tiere*
Sie werden auf jeder Seite des Buches überrascht. Mensch, Tier, Autismus. ISBN 978-3-945668-10-8

**John Elder Robison:** *Schau mich an! Mein Leben mit Asperger*
Er konstruierte die Flammen werfenden Gitarren für KISS und entwickelt die ersten elektronischen Spielzeuge für mb.
ISBN 978-3-945668-15-3

**Cathleen Lewis:** *Mein Wunderkind. Eine Mutter, ihr autistischer Sohn und die Musik, die alles veränderte.*
Model, Börsenmaklerin bekommt Savant, der blind und autistisch ist. Eine beeindruckende amerikanische Geschichte.

**Liane Holliday Willey:** *Ich bin Autistin – aber ich zeige es nicht*
Die Tochter erhält die Diagnose Asperger und die Mutter erkennt sich - endlich - in dieser Diagnose wieder. Vorwort: Tony Attwood.
ISBN 978-3-945668-00-9

**Stefanie Perl:** *Hunde als Chance für Menschen mit Autismus – Hundgestützte Therapie in der Schulbegleitung eines Jugendlichen mit Autismus.* ISBN 978-3-945668-04-7

**Halfdan W. Freihow:** *Lieber Gabriel – Die Geschichte meines autistischen Jungen*
Das Buch beschreibt sehr gefühlvoll die Beziehung zwischen Vater und Sohn. Der Sohn ist 7 Jahre alt und hat Autismus und ADHS.

**Robin Schicha:** *Außerirdische Reportagen vom Schulalltag. Ein junger Asperger-Autist beschreibt seine Erdensicht.* ISBN 978-3-945668-21-4

**Dawn Prince-Hughes, Dawn:** *Heute singe ich mein Leben – Eine Autistin begreift sich und ihre Welt*
Obdachlos, Stripperin, Gorillas – dann Dr. der Anthropologie: Die Lebensgeschichte der Asperger Autistin Dawn Price-Hughes.

**Katrin Moser**: *Autismus-Spektrum-Störungen im kirchlichen Umfeld*

**Franz Uebelacker**: *Ich lasse mich durch wilde Fantasien tragen. Ein Leben mit Gestützter Kommunikation (FC)*
Franz ist Autist, schwer körperbehindert und kann nicht sprechen. Mit Informationen zur Gestützten Kommunikation (FC).

**Gisa Anders**: *Eine Fantasie guckt aus dem Fenster. Vom frühkindlichen Autismus zum selbstbestimmten Leben*
Dieses Buch ist das Zeugnis eines Kampfes gegen Vorurteile und Klischees – ein hartes Stück Arbeit, es hat sich gelohnt.

**Julia Annette von Freeden**: *Empathie und Prosozialität bei Kindern und Jugendlichen mit einem autistischen Geschwisterkind*
Band 3 der Reihe „Wissenschaftliche Arbeiten zum Autismus-Spektrum"

**Bruno J. Schor/ Alfons Schweiggert:** *Autismus - ein häufig verkanntes Problem: Kinder und Jugendliche mit autistischen Verhaltensweisen in allen Schularten*
Ein spannendes Buch, das viele Anregungen für den Schulalltag und darüber hinaus gibt.

**Kyra Müller:** *Autismus und Arbeit. Inklusion von Menschen im autistischen Spektrum in das Arbeitsleben.* Rahmenbedingungen, Fördermöglichkeiten, empirische Untersuchung
Wissenschaftliche Arbeiten zum Autismus-Spektrum - Band 4. ISBN 978-3945668-29-0

**Beate Hermelin:** *Rätselhafte Begabungen. Eine Entdeckungsreise in die faszinierende Welt außergewöhnlicher Autisten.* Die international bekannte Autismusforscherin berichtet aus über zwanzig Jahren Forschung über Savants. ISBN 978-3-945668-31-3

**Robin Schicha:** *Autistische Gestalter und Gestalterinnen. Ein Blick auf ausgewählte Maler und Malerinnen, Zeichner und Zeichnerinnen aus dem Autismusspektrum.* ISBN 978-3-945668-32-0

**MChofmann:** Die Arbeit ruft. Sprichwörtliche Fettnäpfchen und andere Berufserfahrung. *Eine Graphic-Novel-Wimmelbuch-Adaption mit beruflichem Tiefgang.* ISBN 978-3-945668-31-3

**Luis M. Bayardo:** *Autismus: Lebensreise eines Vaters.* Bayardo ist Amerikaner mit mexikanischen Macho-Wurzeln. Er lässt sich emotional und kulturell auf seine zwei autistischen Jungen ein. Spannend und anders. ISBN 978-3-945668-35-1

Laufend neue Bücher zum Themenbereich Autismus

**www.autismus-buecher.de**

**Immer aktuelle Infos per Twitter: @autismusbuecher**